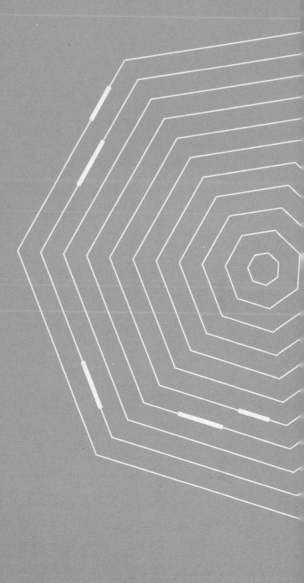

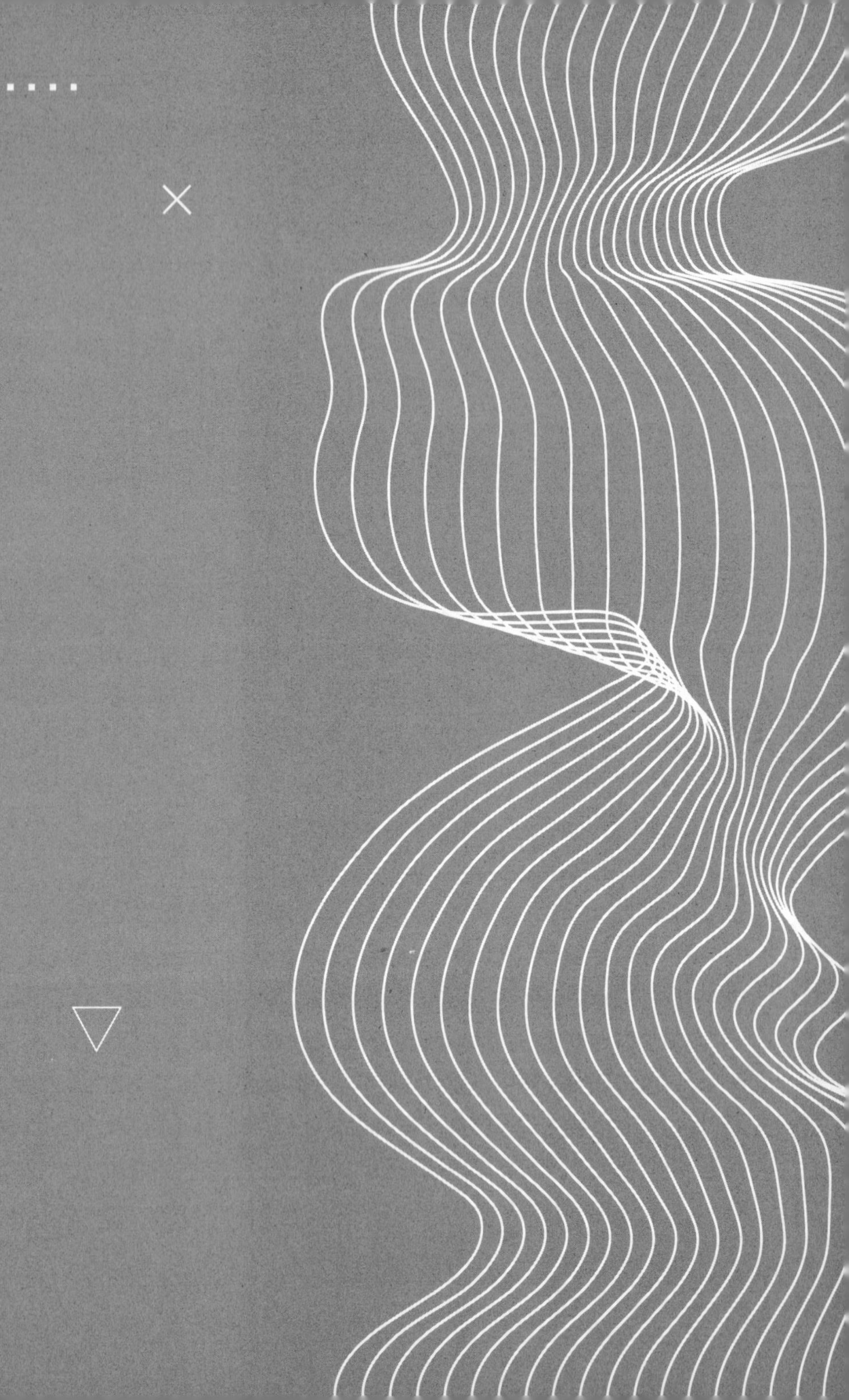

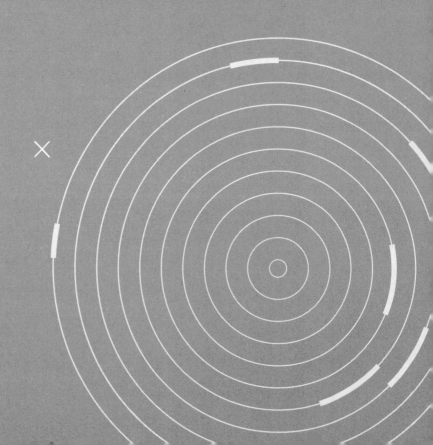

內在驅動力

不需外在獎勵和誘因，引燃700萬人生命變革的關鍵力量

Intrinsic
A Manifesto to Reignite Our Inner Drive

內在驅動力全球領導先驅
薩拉斯・吉凡Sharath Jeevan 著
林步昇 譯

第一章
一趟探索內在驅動力之旅：從心力交瘁到重燃熱情

CONTENTS

第二章 工作與內在驅動力：從求取平衡到積極參與

第三章
成功與內在驅動力：從少數菁英到人才輩出

第四章
親密關係與內在驅動力：從孤注一擲到高度安心

CONTENTS

第六章
公民與內在驅動力：從各行其是到團結一致

CONTENTS

推薦序

轉動世界的超能力

張瀞仁

有一段時間，我擔任PGY講師（PGY全稱爲post-graduate year training，指「畢業後一般醫學訓練」），長期幫來自不同醫院的年輕醫師上課。可能因爲年齡相近，這些都會區的醫生們在課堂上常會聊到職涯，他們當中有些人的話著實刷新我三觀。譬如他們跟我說：「我其實不想當醫生，是因爲分數達到／頭已經洗下去了，退出的沉沒成本太高／爸媽會失望……」這跟我小時候對醫者「懸壺濟世」的一廂情願想像差好多。好吧，可能是我電視看太多了，但他們展現出來的些許無奈，配上當醫生要接受的長期高壓訓練，總讓我有種莫名的違和感。

場景移到偏鄉的小醫院，同樣的授課內容，學員是照顧服務員，大多是四十至六十歲的中年女性。他們取得證照前需要受九十小時訓練和實習。對比成爲醫生需要的成本，照顧服務員是沒有那麼難進入，前程當然也沒有那麼似錦的職業。但他們對知識的渴求讓我驚訝不已，這些中年婆婆媽媽們每三分鐘就說「我的個案就是這樣，下次趕快來試試看。啊老師，我還有一名個案是那樣，可以怎麼解決？」和她們時薪完全不相稱的是老花眼鏡背後射出的光芒，如此耀眼而奪目，讓我越加無法理解。明明是日本人形容爲3K的工作——「骯髒」（汚い，Kitanai）、「危險」（危険，Kiken）、「辛苦」（きつい，Kitsui），他們爲什麼做得如此津津有味。

「如果我從小學東西都這麼充滿熱情，現在早就飛黃騰達了。」我一邊反省，一邊想著這種動力到底是天生的，還是已經進入微中年的平凡人如我，其實也有補救的機會。倒也不是悲觀，只是你我都知道，畢竟人到中年可以補救的東西也愈來愈少了。

讀了這本書讓我恍然大悟，原來我一直以爲對未來的美好希望和願景是最大動力（譬如當上醫生後的薪資報酬與社會地位），其實說穿了只是一小部分。作者認爲內在驅動力來自於「使命感」「自主權」和「專精度」。

使命感，是清楚知道自己的行動怎麼幫助別人。

自主權，是相信自己有能力和權利可以改變現況。

專精度，是不斷追求進步、讓自己更好的傾向。

在職場上和不同國籍背景、不同年紀經驗的人相處過後，對照這些經驗，我發現，到最後還是閃閃發亮的人，就是那些一開始眼神就發著光的人。跟學歷、成長背景或許有關係，但重點是他們真心相信並且喜歡自己每天做的事。當然也會有被客戶罵、被主管檢討、或碰到低潮或挫折的時候，但他們總是很快就站起來，笑兩聲後繼續開心的工作。在我眼中，這是極度幸福的生活。但不幸的，這種人其實並不多，這本書探討的就是如何透過系統性的方法，重新點燃每個人的內在驅動力。

把層次再拉高一點，一個有進步力量的社會裡，人們不會將眼光只放在自己身上。除了可以自我驅動的人，書中花了許多篇幅討論「伯樂」——一群孕育人才、幫助他人建立全新的視野、關係與人脈，並樂於給予的人。我最喜歡這本書的地方之一，是作者從頭到尾都很清楚工作成功不代表人生快樂，一個人的成功也不代表一個體制和社會的成功。除了職場之外，作者將討論擴大到人生的其他面向，探討成就與天賦、親密關係、子女教養和公民義務。尤其在政治上，我們已經看過太多在「贏者全拿」體系下取得優勢進而取得權力、最後卻讓人大失所望的例子，這本書更是全面的省思，或許在傳統的贏者全拿體系之外，我們擁有更多以前從未察覺的可能性。

回到開始的例子，心灰意冷的部分醫師和充滿熱情的照顧服務員，究竟何者對社會來說貢獻比較大？我想很難比較、這樣的比較或許也沒什麼意義；但身為和兩者都有過近距離接觸的講師，多年後，後者的溫度和熱忱還是讓我大受啓發，且為他們的付出深深感謝。

（本文作者為美國慈善顧問）

好評推薦

作者以教育爲志業，透過眞實故事、嚴謹的文獻佐證，以及有說服力的論述，爲我們重新定義了「內在驅動力」。關注教育和有心成爲伯樂者，都應該讀讀這本書——你會收穫滿滿！

——洪瀞，暢銷書《自己的力學》作者、成大副教授

我們爲了出人頭地而奮力向前，卻不曉得自己的目標與努力的方式，遠遠比走得多遠來得重要。本書以世界各地的實例爲佐證，慷慨激昂地進行呼籲，要求重建工作、學校、家庭與政治，提升人生各個領域的價値，進而充實我們的人生。

——丹尼爾・馬科維茨（Daniel Markovits），耶魯大學法學院法學教授、《菁英體制的陷阱》作者

本書強大又扣人心弦，是我們等待已久的未來路線圖。從職場工作和人際關

係，到親職教養和公民身分，作者巧妙地闡述如何運用驅動力的科學，重燃我們的內在驅動力，賦予人生使命感與專精度。

——娜塔莉・納海（Nathalie Nahai），《商業不尋常》（*Business Unusual*）作者

本書激發我們對美好未來的樂觀想像，讀來令人愛不釋手，激勵人勇於改變。

——莎莉・摩根（Sally Morgan），劍橋大學菲茨威廉學院院長、英國教育標準局前主席

作者詳述內在驅動力、使命感和自主權帶來的影響，寫出一本樂觀無比的書，指引我們解決世界、職場和人生的重大難題。

——希拉蕊・潘寧頓（Hilary Pennington），福特基金會副總裁

本書以最尖端的研究與實務爲後盾，以眞正接地氣又永續的方式，幫助員工和組織從內部提高參與度與影響力。

——保羅・皮薩諾（Paulo Pisano），booking.com人資長

當前的時代充斥著焦慮，本書別開生面地要我們反思，並以思辨的態度採取行動。作者曾激發數十萬教師的教學驅動力，如今不藏私分享誠屬難能可貴。他此次汲取過去成功的心得，幫助我們檢視自己與他人，找到人生變革的火花。

——東尼．潘特（Anthony Painter），皇家藝術學會（RSA）研究暨影響力總監

作者憑著個人深刻的洞察力，迫使我們重新思考這個動蕩時代中，政治與公民之間的關係。他鼓勵我們解放自我內在驅動力，重拾信心、使命與希望參與政治，好讓世界變得更加美好。一切就從家開始，再拓展到社區、國家和全世界。

——喬治．巴本德里歐（George A. Papandreou），希臘前總理

本書是了不起的人生宣言。作者運用他的觀察與直覺，提出了令人信服的論點，點醒讀者要重新關注個人和家庭生活，以及職場上的社群。他指引我們如何點燃燈塔，再讓火焰不斷燃燒。

——安東尼．李特（Anthony Little），伊頓公學前校長

本書充滿深刻又實用的見解，堪稱各級學校學生與教育工作者必讀之作。

——珍妮佛・莫斯（Jennifer Moses），
布朗大學董事會成員、Caliber學校共同創辦人

本書背後有十分縝密的研究，明確事實與故事都經過精心挑選。其中三大要素——使命感、自主權和專精度，可以應用於人生的不同情境，進而幫助讀者再度聚焦、重新調整內在驅動力。

——維迪亞・沙阿（Vidya Shah），
Edelweiss金融服務集團共同創辦人暨Edelgive基金會執行主席

第一章

一趟探索內在驅動力之旅：

從心力交瘁到重燃熱情

人就像彩繪玻璃窗，太陽出來時會閃閃發光；
但黑暗降臨時，唯有來自內在的光，才會顯露其真正的美。

——伊莉莎白．庫伯勒．羅斯（Elisabeth Kubler-Ross）❶
瑞士精神科醫師、人道主義者，也是全球安寧療護運動的創始人我好愛下雨的印度，因爲霎時間，雨水混雜泥土的純淨氣味，驅散了肆虐德里的有毒煙霧，使其短暫擺脫地球上污染最嚴重之地的臭名。雨滴啪嗒啪嗒落下，掩蓋了車水馬龍的嘈雜；市區多是狹窄街道，全被嘟嘟車、汽車與摩托車擠得水洩不通。

我、詹姆斯和希德坐在屋頂上，樓下就是公寓改裝的臨時辦公室。這裡是南德里的凱拉什僑民區（Kailash Colony），生活舒適宜人。我們三人全脫得只剩下四角褲，看起來活像工廠化農場上待宰的公雞。辦公室裡掛著一只單獨的衣夾，下頭是我們濕透衣物滴成的小水窪。幸好，我們的女同事妮哈聰明地早早離開公寓了，不必目睹這般邋遢景象。

理論上，倫敦才是我的家。但二〇一二年，德里成了我暫時的家。我的兒子當時才十四個月大，所以不難想像，我太太對於搬家一事不大高興。我在東德里最窮的貧民區創辦非政府組織「STiR教育機構」（STiR Education）（譯按：STiR全名爲Schools and Teachers Innovating for Results，學校暨教師創新成果網絡），該地氣溫動輒破攝氏四十度，STiR成立前幾週格外辛苦。我們走訪了一百多所學校，與四百多位教師談話，設法尋找最具潛力的教學理念。我們認爲，透過挑選、發表和傳播這些啓迪人心的「微創新」，全世界的教師和孩子都會從中受惠。印度擁有全球最龐大的學校體系，當然最適合當做旅程的起點。

我們向人力三輪車車伕和清耳屎師傅問路，設法避開路面看得到的各種危險，包括大小坑洞，以及不時絆住腳跟的牛糞。

Google地圖在當地不大可靠。沒想到連地圖的準確度也與當地所得有關，實在不可思議。蚊子倒是不會令人失望，老是咬我們的腳踝和手臂當早餐或下午茶，甚至害希德數週後確診登革熱。

那天晚上，我們原本應該歡欣鼓舞地慶祝一番才對。早上，我們拜訪完最後一所學校，恭喜最後一位理念獲選發表的教師，加入其他二十四位教師的行列。該週《經濟學人》還引述我的發言——有此肯定，夫復何求？❷

歷經漫長、炎熱又險惡的數個月，我們眞他媽的成功了。但那天晚上我有股不祥的預感，因爲我們德里辦公室的電話已整整八天響不停了，全都是教師打來的。當時，我們在德里只有三名工作人員，接電話忽然占據每個人大量的工作時間。

一位教師告訴我們：「先聲明，我不是要來吵爲什麼自己的理念沒有獲選，我知道整個評選過程很公平……但是，你們喚醒我心中某種感受，這種感受已經很久沒出現了。你們讓我想起自己當老師的初衷。」

教師們不斷打電話到辦公室，但我抱持保留態度。想當然耳，這些教師一定會說這些溫暖的心靈雞湯語錄吧？身爲經濟學家，我基於過去的專業訓練，認爲金錢、獎勵、地位、激勵等「外在」驅動力才能推動世界的運作。這些正面的念頭確實了不起，但有何確切的證據足以證明教師會眞正致力於改變自身行爲呢？

那個陰雨的晚上，爲了不負經濟學家的頭銜，我決定進行一項實驗。我叫希德和妮哈去租用當時能找到的最大場地：德里郊區一間看似搖搖欲墜但花俏的婚宴大廳。隨後，我們找來過去數個月來與我們密切互動的四百位教師，邀請他們參與我們口中剛起步的教師網絡。

那場會議安排在週日上午，當天氣溫攝氏四十五度，也是印度與英國板球對抗賽最後一天，可謂緊張刺激的賽事最高潮。

我記得團隊成員都在打賭，各自猜測會有多少教師出席。

希德說二五〇人。

我大笑說，最好有這麼多人。

妮哈猜一八〇人。

我再度笑出聲。

最後，將近三四〇位教師出席會議——不是全部準時到場，但仍然前來支持。我自己賭八〇人。

其中許多是年輕女性，她們帶著自己的孩子，因為先生不習慣照顧孩子（雖然有太多例子顯示，嫁人就代表她們很可能得停止教書）。沒多久，我們開始得在旁邊設置臨時托兒區。部分教師帶著兄弟出席，他們個個滿臉一副不以爲然，少數教師則有先生陪同。

我們的會議進行得十分認眞，鼓勵教師們分享數十個全新教學實務，但也融入遊戲來幫助大家認識彼此、產生凝聚力。整個早上，會議都活力滿滿。我還記得一張張微笑的臉龐、感受到希望的氛圍，印象最深刻的當屬此起彼落的笑聲。

這群教師來自德里各個角落，他們的故事讓我深感著迷。普莉雅是二十來歲的小學教師，任教於東德里數赤貧地區沙赫德拉（Shahadra）的小學。她從北方家鄉搬到德里擔任教職，笑容極具感染力。她坦承自己在德里生活有時備感孤單、與世隔絕，德里也沒親友可以依靠。嫁給現任丈夫後，她有了新的家庭，還得伺候婆婆——可謂最能反映印度福禍相倚的文化。她的教育程度相對較高，學歷遠比新學校的同事來得漂亮許多，因此常常招致旁人不滿。她也熱愛探索、鑽研全新教學技巧。

普莉雅很快便注意到，她教的孩子學習英文課程指定的詩作很吃力，譬如英國第一位諾貝爾文學獎得主魯德亞德．吉卜林（Rudyard Kipling）的〈如果〉，或英國浪漫詩人華茲華斯（Wordsworth）的〈我孤獨漫遊像一朵雲〉這類較常見的作品。因此，她開始將寶萊塢的樂曲套進古老英詩中，藉此激發孩子的學習興趣。在執行這項教學技巧後，她班上的孩子現在全都能背誦英文課程指定的詩作了。

最令我大為詫異的是：那天早上參與德里會議的教師並沒有額外補助，多數人反而還克服了重重障礙而來：天氣、交通，還有這一帶保守社區中自家丈夫、父親或兄弟的怒火。這些教師也沒有直接的職涯誘因——我們當然沒有承諾出席有助升遷或爭取加薪。

我想不到任何理由，足以解釋在這個世界上赤貧又艱困之地的所見所聞。

這段時間，我與數百位教師交談後，聽到三個教學觀念上的亮點。接下來九年內，這三點日夜盤據著我的心思：使命感、自主權與專精度。

以下是一些抽象說明：按照我個人的定義，「使命感」是指清楚自己的行動如何幫助與服務他人；「自主權」是指相信自己有能力和行動力改善現況；「專精度」是指踏上自我精進的旅程，不斷朝更好的自己邁進，永無止境。

這炎熱難耐的數週內，我親眼目睹這三項觀念都獲得體現。在與我們互動後，這些教師想起教學的使命感，明白自己能替孩子的生命帶來重大的改變，尤其能影響那些父母未受過教育的孩子（令人難過的是，在德里內遭人遺忘的地區中是常態）。另外，全新教學理念的討論與分享，似乎重新點燃了教師的自主權意識。雖然許多人仍然覺得自己只是行政體制巨輪上的小齒輪，但這段腦力激盪的時光激發了深刻的體悟：教師其實能大幅掌控自己的教學方式。藉由與其他人分享實務，教師自身也受到啓發，進而眞正專精於教學工作，致力成爲自己心目中的理想教師。

我們究竟如何意外地讓這麼多教師重燃幹勁與熱情呢？這個問題就成爲我畢生研究和探尋的主軸。

三把鑰匙，打開實現目標的法門

本書探討的是重燃內在驅動力的方法，進而重新愛上我們的生活與世界。前文提到的三點——使命感、自主權、專精度，就像是三把鑰匙，用來打開實現目標的法門。在後面的章節中，這三點會交織而成核心框架，藉此分析日常生活的關鍵面向，包括個人、身處組織與社會整體。

不妨把人生想像成一趟在印度的漫長公路之旅，收音機播放著寶萊塢的音樂，後座到處都灑著炸印度咖哩餃的金三角碎屑，「使命感」就是你輸入GPS的終點；「自主權」就是你牢牢握著的方向盤（無論後座有多少人喋喋不休想教你如何開車——印度尤其如此）；「專精度」代表成為更優秀與有耐心的駕駛，順利躲過刺鼻氣味、摩托車、腳踏車、嘟嘟車，以及（仍會）不時出現的乳牛——最驚悚的莫過於牠們全速從後方朝你撞過來。

驅動力可以看成是幫車子添加的燃料類型。❸外在獎勵就像柴油，固然能帶你到達目的地，但旅程鮮少會令人開心——沿途排放的濃煙可能嗆得路人受不了。激勵、地位、獎金和報酬，再極端點甚至直接賄賂，在驅動力思維領域中，這些都是所謂的外在驅動力因素；你的行動基本上取決於他人答應給予的好處。

相較之下，內在驅動力是指踏上旅程這件事本身就令人滿足、收穫滿滿又值得開心。

本書中，我會針對時下社會面臨的驅動力亂象（根本可說是危機）直言不諱。

我們難以分辨生活中重要的事物，更無法理解當前世界所處的狀態。接下來章節即將說明，無論是千禧世代、銀髮族或兩者之間的世代，無論住在倫敦、紐約、德里、上海、聖保羅或烏干達的坎帕拉（或任何小型城市、村莊），無論是富人或窮人、女性或男性、黑人或白人、異性戀或同性戀，這個亂象千眞萬確地存在。

許多人覺得，個人也好、組織也罷，甚至整個社會，我們都只是在做做樣子。我們內心空虛、厭世，不滿意所屬的組織，可能是自己任職的公司或孩子的學校。我們感到自己與社會嚴重疏離。光是看看我們面對的無數社會問題就好，全都沒有簡單或明顯的解決方案。有時還覺得自己無計可施，只剩絕望。

本書希望讀者放心，眞的不必如此絕望。我們可以帶來重大突破：從自身做起當然很好，不過也可以鼓勵自己所屬的大型組織和社會群體來實現目標。

動力思維的發展爲此奠定了基礎。一九四〇至一九五〇年代開始，學界開始針對動力進行研究，最顯著的是美國心理學家馬斯洛提出的「需求層次」理論。馬斯洛的理論深深影響我們對當前主題的思維。他的理論核心是：我們滿足了基本的食物與安全需求後，都渴望有更高層次的事物來激勵自己。我們不斷往需求金字塔的高層爬去，最終會達到自我實現，即發現眞正的自我、眞正的潛力。[4] 哈里·哈洛

（Harry Harlow）在一九五〇年代對猴子展開一場著名的研究，便是要檢驗其中部分理論。❺

菲德烈・赫茲伯格（Frederick Herzberg）這位立陶宛裔的美國商管教授，提出「雙因素」激勵保健理論，❻正是以前述思維爲基礎。他最重要的見解是：令人缺乏衝勁的因素，與激勵人的因素並非相反。舉例來說，就工作來說（早期的動力思維主要集中於此領域），他發現諸如薪水、良好就業條件與正規職涯結構等外在因素固然重要，少了這些可能會導致員工做事消極。然而，一旦這些「保健因素」（又稱爲維持因素，即避免失去衝勁的基本要素，但無法給予深層的動力）到位，內在因素（使命感、自主權和專精度等三大概念）才是維持衝勁的必要條件。從長遠來看，「胡蘿蔔加大棒」（條件式獎勵）其實可能會破壞內在驅動力。

赫茲伯格的研究後來由兩位傑出學者理查・萊恩（Richard Ryan）和愛德華・迪西（Edward Deci）進一步發揚光大，他們花三十多年的時間，設法理解內在驅動力在不同領域的功用。他們的研究鼓舞了全世界數百名研究人員，提出強而有力的充足證據，清楚顯示內在驅動力（包括使命感、自主權和專精度）的觀點絕對適用於廣泛的人生領域。❼二〇〇九年，作家丹尼爾・品克在暢銷著作《動機，單純的力

量》中，以精湛的文字推廣了許多早期有關動力研究的見解，特別著重於職場上的啓示。❽

不過，雖然如今有充足證據支持內在驅動力的理論，實際應用於生活、組織和社會的例子卻相對較少，即使有也過於簡單、缺乏規模。我所創立的非政府組織「STiR教育機構」，便成爲全球最大的內在驅動力計畫，專注於重燃教師的內在衝勁，我們也確實成功了。我看著STiR一路成長，從那個早上聚集在德里的數百名教師，拓展到二〇二〇年共有超過三萬五千所學校二十萬名教師參與。德里那個早上影響深遠，經過了八年，已將近七百萬名兒童受惠於這項計畫。STiR的工作遍及印度三個邦、烏干達四分之一的學校和印尼東部，連遠在衣索比亞、埃及和巴西等國家也躍躍欲試。

那天上午，我們在德里舉行了有史以來首次交流分享會，會中我們開發出影響教學驅動力的內在因素：使命感、自主權和專精度。如今，每個月都有八千場左右分享會，規模比當初較精緻，每場往往有二十至三十名教師參與。

許多全球名列前茅的基金會都贊助了我們的計畫，比如萬事達卡、宜家和瑞銀，連英國和美國等政府也撥款支持。我認識了美國前總統柯林頓等政界名人，另外像比爾・艾克曼（Bill Ackman）和比爾・德瑞普（Bill Draper）等傳奇投資人也慷慨解囊。而爲了表彰我在這個領域的貢獻，英國羅漢普頓大學（Roehampton University）授予我榮譽博士學位，我也獲邀加入教育委員會高階指導小組；該委員會是由英國前首相戈登・布朗創辦，聲譽卓著。

正如其他領域的專家一樣，我明白了教學相長的道理。最重要的是，我了解到內在驅動力的一切最終都是環環相扣。我體悟到，假如想要教師培養教學熱忱，以及挖掘內在驅動力的使命感、自主權與專精度，各級校長與教育官員都需要在各自崗位上以身作則，展現相同的使命感、自主權和專精度。

根據種種學習帶來的收穫，STiR 如今與各國政府展開合作，確保這套方法能重燃教育體系每位官員與教師的內在驅動力。正因爲 STiR 可以運用現有政府資源和人力來經營、管理教師網絡，重燃內在驅動力花在每個孩子身上的成本每年僅不到四十便士（約新台幣十五元）——來年這個成本還會繼續下降。

落實內在驅動力思維爲何困難？

我對於能夠踏上這趟旅程深感榮幸，但那些年可說是人生中最艱辛的歲月。這千眞萬確，因爲不得不仰賴「人生大學」（這是另一位英國前首相約翰·梅傑取的響亮名字）手把手教我如何重燃教師的使命感、自主權和專精度。我固然收穫滿滿，但學習過程苦不堪言。

爲何個人、組織和社會落實內在驅動力思維會遇到重重困難呢？

我認爲有五大基本原因。

第一個原因是，大多數人都認爲驅動力天生有就有、沒有就沒有。我常聽到來自印度或烏干達的教師對我說：「我很清楚班上哪些孩子眞正有學習的動力。」該教師並不認爲喚起孩子的學習驅動力是她的工作。雪上加霜的是，她會把「已有動力」的孩子安排在班上前排座位，讓他們獲得最多時間與關注，卻幾乎完全忽略了其他孩子。

但事實上，每個人的內在驅動力都可以由後天培養。多年前，史丹佛大學著名心理學家卡蘿．杜維克提出「成長型心態」的觀念，一場學習革命於焉展開。❾杜維克幫助大家了解，能力與智力都具有可塑性——就像肌肉般可以訓練。我們現在則需要內在驅動力的革命。正如接下來章節所言，我們每個人都可以運用各式各樣的方法，重燃自己的內在熱忱，並且透過與他人合作，喚醒我們所屬組織、社群與社會的衝勁。

第二個原因是，我們全都被洗腦了，只會完全從經濟角度來思考人性與驅動力。知名經濟學家凱恩斯在一九三〇年代曾寫道：「自認思想不受外在影響的務實分子，往往都受到名不見經傳的經濟學家所奴役。」❿經濟學多半認爲，人類都自私又無情，只會最大化自身利益與福祉。因此，我們都受到制約，認爲世界是靠著獎勵和誘因（或胡蘿蔔與大棒）才正常運作。舉例來說，假如你想改善團隊中某個成員的工作表現，只要承諾他們達標就有獎金即可——即使在二十一世紀，這仍舊常常是放諸四海皆準的論調。

但在日常生活的方方面面中，我們的行爲一點都不像純粹理性的經濟機器人。我們對人性的理解之所以突飛猛進——從幸福、心態到「恆毅力」——都得歸因於正向心理學的發展，但這並不是什麼壞事。沒錯，獎勵和誘因在少數情況下可能有效（只是效果往往極為短暫），但是近年來我們追求極端的獎勵和誘因，這就會導致各式各樣的間接傷害，包括個人感到缺乏衝勁和不快樂、社會貧富不均和所得差距惡化，以及氣候變遷威脅人類生存。如果要把內在驅動力應用到我們的生活中，就得拋開上述絕大部分的經濟包袱，以全新思維取而代之。希望本書有助促成這項改變。

第三個難以落實的原因是，驅動力可能給人感覺有點虛無縹緲、難以衡量。因此，我們在本書中採取的是絕對務實的方法。當然，我們也會參考動力思維的相關學術研究，但我們會專注於如何把研究的深刻見解，具體又務實地應用於自身的思考和行為，改善人生主要面向，從工作、成就和天賦，到親密關係、子女教養與公民義務。

第四個原因（也可能是最重要的原因）在於這趟探索內在之旅可能令人深感害怕，甚至心驚肉跳。這是因為在我們關注的人生面向中，都有一個難以回答的問題：我們重新喚起內在驅動力的目的為何？比如我們在STiR面臨的最大挑戰就是教育制度，尤其是像印度這類新興國家中，教育制度最終都是為了培養死記硬背的學習方式——孩子能夠牢記所學內容，然後照本宣科地用來考試。無怪乎教師們會缺乏幹勁，畢竟在他們當前的教學使命無法幫助孩子們培養對終生學習的熱愛，以及「懂得如何學習」的能力——這些才能因應快速變化的國家與世界。因此，我們不得不開始與政府合作，首要之務就是重新定義教育的目的。

說來實在無比諷刺：印度蓋了一百萬間免費的政府學校，等於全國每公里差不多就有一間學校[11]——無論以何種標準衡量，這都是了不起的成就。但多年後，印度還沒有確定教育目的。這一百萬間學校的眞正用途爲何？到了二〇二〇年，印度政府才公布一項邏輯連貫（且品質極佳）的國家教育政策來解決這個問題。[12]我應該強調，印度並不是唯一的例子：大部分國家（就連最富庶的已開發國家）都苦於因應同樣的問題，而且多半視而不見。這些問題本身就很「難纏」，無法從技術層面找到簡單的解方。

唯有明白自我激勵的原因，我們才能駕馭內在驅動力。但正如即將在本書中所見的，對於人生許多重大面向，我們找不到自己的使命。幸好，驅動力思維能提供有用的「雙管齊下」：可以幫助我們界定這個使命，進而找到最佳的實踐方法。

最後是第五個原因：凡是涉及驅動力的事物，本質上都息息相關。工作上驅動力低落帶來的影響，很容易連帶衝擊我們對待孩子的方式，這點我們將在後面章節探討。而個人行為模式也會對我們所屬社群、組織和社會產生巨大的連鎖反應。

以上五大原因，說明為何落實內在驅動力思維的洞見如此困難，即使已有數十年有力證據支持其重要性也一樣。本書核心目的就是要克服這些困難，幫助我們找到適當方法，務實地把這些洞見融入人生最重要的面向。

在人生關鍵領域重燃內在驅動力

我們會探討人生中五大關鍵領域：工作、成就與天賦、親密關係、子女教養和公民義務。

首先，我們對於工作深感困惑。我們根本誤解工作在人生和社會中的使命，只會完全從賺取收入的角度看待工作。當然，收入是絕大多數人生存關鍵的「保健因素」，但若要眞正重新激發我們的內在驅動力，工作可得具備更多意義。保健因素變成驅動力因素的例子還包括光鮮亮麗的辦公室、優質的免費咖啡（至少對白領員工來說是如此）等等。到頭來，我們任憑自主權被外在限制、目標和誘因不斷侵蝕，但我們的內在驅動力、甚至連基本人性也隨之流失。同樣令人擔憂的是，我們變得更容易受制於自動化和人工智慧等趨勢，這些正威脅著現今雇主與員工之間本就岌岌可危的「默契」。最後，我們誤解了工作的「專精度」，導致員工無法培養出更廣泛的能力（又稱爲「智識與才能必備的要素」），這對於個人和組織的生存與發展不可或缺。

當然，爲了減少壓力和倦怠，工作和生活需要達到平衡，但後文也會提到，職場的疏離與空虛對於當前工作萎靡感的影響力，可能有過之而無不及。同時，大多數人工作時被迫戴上「假面具」——我們不得不隨傳隨到，卻感覺做作甚至虛假。我們下班後仍得不斷掛心著公務，意味著這種萎靡感已深入我們的生活之中。根據蓋洛普的調查，全球有八五％的員工缺乏參與感，或刻意對工作保持冷漠——導致全球經濟每年損失七兆美元的生產力。⓭ 我們會在下一章探討如何才能重燃自己的工作幹勁。

我們第二個困境攸關成就和天賦。我們心目中的理想世界裡，個人與集體的天賦，無論在勞力市場、運動賽事、學校教室內或音樂廳，都能受到旁人的肯定和眞正的栽培。然而，我們卻急速朝著「贏家全拿」的世界前進，任何領域的戰利品都只由少數人享有。在「任人唯才」的虛假承諾下，我們正依循著這條高舉成就和天賦的瘋狂之路。表面上來看（現實多半不然），我們打造了益發正規的制度來管理共同的天賦，不論是新一批招生委員、星探和績效管理經理，或入學考試、排名和架構嚴謹的「人才培育計畫」。這些制度根本把競爭與真正的專精度混爲一談，幾乎每個人都因此而受害。

結果怎樣呢？最厲害又幸運的孩子，愈來愈有機會獲得一流的老師、教練、培訓和設施，這就形成了麥爾坎．葛拉威爾所說的「累積優勢」。[14] 無論是才華洋溢的學生或工人、初出茅廬的藝術家或運動員、作家或廚師，或有雄心壯志要解決重要商業或社會問題的新銳創業家，都符合這樣的趨勢。這個「贏家全拿」的世界導致許多人熱忱消散，不再努力從事原本的活動（無論是在學校、賽事還是職場皆然），失去了內在的衝勁；遭遇困頓時更容易如此。整體來說，我們恐會失去對學習本身的熱愛，這也導致眾多領域（從體育界到出版圈）的人才不夠獨特和多元，因而難以在日益擁擠的產業或市場中脫穎而出。

但最令人憂心的是，這造成的後果是社會上絕大多數人（尤其是婦女、弱勢群體和富裕階級以下的人）感到懷才不遇，更甭提受到表揚和栽培了。它導致新興國家出現愈來愈多示威者抗議高失業率，至於較富裕國家就出現了類似「黑人的命也是命」的抗爭運動。顧問公司麥肯錫估計，目前男女所得不均讓全球經濟每年損失十二兆美元——而黑人和白人的所得差距每年就讓美國損失一兆五千億美元。⑮

第三個困境是親密關係。我們愈來愈依賴重要的感情，想藉此喚起人生的驅動力，卻沒有誠實面對內心眞正的渴望。我們把這段愛情的使命感當成內在驅動力，幫助自己挖掘眞正的自我。然而（雖然我們鮮少願意承認），我們也認爲男女外表和社經地位等保健因素同等重要。因此，在尋找交往對象的方式（例如：線上約會）無法滿足自己的渴望和需求時，便感到十分沮喪。

可是，一旦我們談起戀愛，一切似乎並沒有因此好轉。我們經常爲了感情犧牲太多個人自主權，女性尤其容易夾在感情和工作需求之間，搞得自己裡外不是人，不曉得使命感在哪。最後，我們缺乏有效的方法來專精地培養感情；加上社群媒體和當代教養推波助瀾的壓力（對於生兒育女的人來說），夫妻共同成長的時間愈來愈少。因此，我們常常會在人生的重要層面感到欲振乏力，最後導致分手或離婚，或像愈來愈多人因爲擔心這類後果，一開始就乾脆不要交往。

雪上加霜的是，身爲父母的我們更難掌握教養的核心使命感。我們看到孩子疑似遇到麻煩的跡象，就本能地像直升機一樣出動。此舉當然是出於好意，表面上是爲了保護我們的孩子免受傷害，但愈來愈多的證據顯示，這只會導致孩子的焦慮、抑鬱、自戕甚至自殺。根據兒童協會（The Children's Society）二〇二〇年的一項調查顯示，英國年輕人的生活滿意度在全歐洲敬陪末座，主因是「英國人特別害怕失敗」。⓰這衍生出交易式的親子關係，把取得好成績或進入頂尖大學當做使命——唯一的終極目標。就連達賴喇嘛都對此現象罕見地直接發出預警：「當前的問題是，我們的世界和教育仍舊只專注於膚淺又拜金的價值觀。」⓱

最重要的是，這導致時下許多年輕人出現自主權危機。有句早已是老梗的阿拉伯諺語：「小鴨跟著母鴨游水不會沉。」意思是下一代盼望父母能幫他們游泳（根本要人代勞一切）。現在這個諺語一點也不新奇了。正如二〇一九年美國大學招生賄賂醜聞所顯示，富裕的父母認定自己的使命感是「鏟雪機」——清除孩子面前所有障礙，好讓他們往後生活「一帆風順」。但正是這點破壞孩子的自主權。身爲父母的人，也經常缺乏專精度。有人替孩子報名大量的課外才藝、聘請各科家教，導致孩子難以深度參與學校活動，也阻礙了親師之間充分合作，無法確保孩子的學業成就和個人發展。

我們的第五個困惑攸關公民義務。我們知道爲了過更加充實、更有衝勁的生活，國家需要了不起的領導者，我們自己也需要實踐積極的公民參與。但對於我們面前眞正龐大的問題——氣候變遷、貧富不均、身分認同與主權問題——目前擔任所謂國家「領導者」的政治人物卻令人備感絕望。我們對於他們的動機和使命產生質疑。血淋淋的現實是，我們不相信他們有能力打造團結全民的眞正國家目標——團結富人和窮人尤其困難。正是基於這種不信任，我們透過電視和社群媒體的荒謬審查，變本加厲地限縮了領導者的自主權。我們還打造了愈來愈多的問責制度，像是醫院的「病患權益憲章」和學校名次排行榜。

這些舉措非但沒有幫助，反而導致了政治領導者嘩眾取寵與派系文化。我們鮮少鼓勵領導者（無論是政治人物、立法委員或管理階層）磨練日常工作的專精度。由於沒有釐清關鍵的保健因素，比如政治領導者與其競選活動的募款方式，我們的領導者最後只是社會上極少數，卻都聽命於當初造就這種派系文化的特殊利益團體和派系。

以上就是我們重燃驅動力所面臨的五大危機。冷戰結束後，美國政治理論家法蘭西斯．福山（Francis Fukuyama）提倡，資本主義和民主制度將帶領我們踏上不斷提升生活水準、幸福感和生活品質的旅程。[18] 如今看來，這眞是天大的笑話。福山的預測之所以出錯，是因爲未能正視資本主義和民主制度就像宏觀（或更大）的保健因素，兩者終究都只是社會結構。我們在這些結構中的行爲模式（無論身爲員工或公民），才是眞正重要的事，而這需要每個人都感覺有動力。

但本書抱持著極爲樂觀的態度。除了會採用驅動力思維來準確診斷這些問題，還要找到新穎的解決方案。具體來說，本書會探討實務的方法。你會看到歷年來我有幸接觸的勵志故事主角——包括《經濟學人》的編輯、駐中國的審計人員、烏干達和印尼的年輕父母、英國的離婚律師、印度的星探、衣索比亞的領導者、美國的政治新星等。我會充分運用橫跨心理學、經濟學、哲學和行爲科學等等不同領域的創新研究和洞見。

本書結尾會探討如何把自己當前的生活和所處的世界，轉變成內在驅動力更有存在的餘地，同時訂立關鍵原則來實現目標，打造值得擁有的人生。

找到內在驅動力，無比重要

想要以全新的務實角度來看待內在驅動力、應用於個人和群體生活，因應世界上最迫切的問題嗎？那現在正是時候。我們確實有辦法擺脫當前的驅動力低落的泥沼，但若要認清這一點，就得誠實又坦率地面對自己。

新冠肺炎疫情爆發等外在衝擊，已在許多人心中催生了更誠實的思考過程。在我們的內心深處，都曉得自己的生活與世界需要徹頭徹尾的改變。

與時下多數的「創意」不同的是，重燃內在驅動力的信念如前文所述，並非來自劍橋或哈佛大學等名校，也不是摘自政治人物的演說或達沃斯的論壇（但只要繼續讀下去，我們肯定會一起造訪這些地方）。

本書緣起的故事有特別恰巧之處：一切始於印度首都破敗的貧民窟，而印度不久後便會承載全世界最多的人口。更剛好的是，這個信念來自於教師們。正因爲聽到教師的聲音，我才聽到了父母的聲音——這些父母幾乎一無所有，卻願意賭上僅剩的一切，散盡家財、勇敢做夢、勞心勞力，希望給自己的孩子更美好的未來。

我們都扮演著不同的重要角色，可能是員工、心靈導師、夥伴、父母和公民。我們務必要爲每個角色找到內在驅動力，這點不論對自己或重要親友來說都無比重要。本書希望成爲這趟旅程的催化劑、朋友與靈感。我們爲了自己、地球，必須踏上這趟旅程。最重要的是，我們得爲了自己的孩子、後代子孫，扛起這份責任。

本書說穿了就是愛的故事，描述我們何以能重新愛上自己的生活與世界，展開我們理想中的人生。

第二章

工作與內在驅動力：
從求取平衡到積極參與

職涯的成就往往不在於找到問題的正確答案，
而是找到正確的問題。

——亞當．格蘭特（Adam Grant）❶
華頓商學院心理學教授

許多人都還記得電影《英倫情人》（*The English Patient*，譯按：字面意思是英國患者）壯觀的撒哈拉沙漠場景，該片改編自麥可．翁達傑（Michael Ondaatje）一鳴驚人的小說。雷夫．范恩斯飾演片中垂死的男主角，從頭到腳都纏著繃帶，由茱麗葉．畢諾許飾演美麗又盡責的護理師悉心照顧。在男主角生命的最後幾天，電影穿插著許多回憶片段，呈現他過去多采多姿的工作，專門繪製非洲地圖；而他的私生活也同樣精采，其中包括與一位已婚英國婦女私通款曲。

但有沒有聽過一位「倫敦患者」呢？

我與一名摯友從中學、大學到網球場切磋球技，有著二十五年交情。某天看到他出現在《紐約時報》封面，我下巴簡直要掉下來。

二〇一九年三月，《紐約時報》一則頭條新聞如此寫道：「據報出現第二例ＨＩＶ治癒患者。」❷

這位「倫敦患者」是全球第二例ＨＩＶ治癒患者，第一例是數年前的「柏林病人」。該篇報導引述我朋友的看法：倫敦大學學院研究員拉文德拉．古普塔博士（Dr Ravindra Gupta）表示，這項進展可謂向前邁出審慎樂觀的一步，全球仍要繼續研發ＨＩＶ／愛滋病的解藥。他運用的神奇方法是，讓倫敦患者接受基因突變幹細胞的移植治療，也正是這類突變成爲防止HIV受體表現的關鍵。

可是在這之前，拉文德拉的工作重心完全在開發中國家。當初何以會去治療倫敦患者？

「老實說，我很幸運。」拉文德拉承認：「那位倫敦患者在倫敦大學學院附設醫院掛號，我剛好是那裡的教職員，醫院就跟我說患者的情況。加上我有幸成爲了英國惠康基金會研究員，研究經費可以靈活運用。這項治療的費用並不高，但彈性是關鍵。惠康很樂意贊助我進行任何研究，只要事先談妥大方向就好。其他的研究贊助單位就很難給予這麼大的彈性。」

拉文德拉治療那位倫敦患者的能力，其實與學術界的發展方向相悖。一般人常有的刻板印象是：瘋瘋癲癲的教授埋頭鑽研自己熱愛的冷門主題。但現在這與現實天差地遠。拉文德拉說：「壓力大就在於，要想辦法一直在主流期刊發表論文，所以在這種壓力下，我們常常就寧願打安全牌。」

本書第一章指出，「使命感」就像我們輸入GPS的目的地；「自主權」是我們百分百令人放心地掌握主導權的能力；「專精度」是我們在這趟旅程中變得更優秀與有耐心的能力。

拉文德拉能在研究中看到更宏觀的「使命感」，接著他又可以享有足夠的「自主權」來抓緊當前的機會。幸運的是，過往累積的訓練和經驗證明他已具備了涉獵廣泛的「專精度」，能迅速又有效地調整自身技術，順應已開發國家的衛生體系環境。

但正如拉文德拉所承認的，他確實運氣很好，世界因此受惠更是無比幸運。想像一下，假設三項因素沒有到位——如果他無法治療那位倫敦患者怎麼辦？我們可能就此失去全球研發HIV解藥的重要步驟。

遺憾的是，對世人來說，拉文德拉的故事與當代工作的走向背道而馳。身為雇主和員工，我們共同促成了無異於災難的結果。

重燃工作的衝勁就像中大獎

我們根本誤解了自己人生中的工作使命。我們彌補工作深層使命空洞的方式，便是不斷增加上一章所謂的「保健因素」。這些因素僅能避免我們無心工作，卻不能提供深層的動力。這些因素包括光鮮亮麗的辦公大樓，以及（對於幸運兒來說）

可能是一再上漲的薪水。在職場環境中，並沒有眞正利用使命感當動力，而是藉由愈來愈複雜的目標、誘因、競爭獎勵和直接管控，降低員工自主權——到最後這些成了精明經理人的「操弄」手段，他們會想方設法尋找實現目標的捷徑；但這些手段同時也破壞了工作的眞誠感。我們非但沒有提升技能的專精度，反而還把工作切割成特定業務，設置一大堆障礙和一座座封閉的孤島，導致員工無法從較爲宏觀的角度，看到自身從事的工作對於顧客、利害關係人和整體社會的終極使命與影響。

「我工作的動力就是每個月可以繳清各種帳單。」一位父親這麼對我說，當時我們都在等兒子的板球練習結束。但不必非得如此。重燃工作的內在驅動力其實只花雇主很低的成本，有時甚至還可以節省開銷。無論是員工或雇主，只要喚起工作的內在驅動力，我們這輩子花在工作上的九萬個小時就會備感充實，不會活像是跑馬拉松的耐力賽。❸

重燃工作的內在衝勁就像是中了大獎——而且可以做得到，需要的是專心致志和領導有方。

本章中，我們會運用「使命感、自主權與專精度」這個框架，診斷當前工作的病灶，再提出初步解決方案。現在就一起探索現代工作的野蠻天地吧！

如今，我們的工作不但無法強化初入職場的深層使命感，反而把使命感摧毀殆盡。醫界當前現象就清清楚楚地說明這項趨勢。拉文德拉說：「我在醫學院的同學不是到公私立醫院當醫師，就是轉做社區家庭醫師。他們多半都受不了英國國家健保局（以下簡稱NHS），挫折感滿滿。以往是主治醫師說了算，現在是NHS主管者說了算，而這個人還要聽命於高層的執行長和管理信託基金。」

「你擺在醫師面前的文件愈多，他們工作的動力就愈低落，」拉文德拉又說：「我們當前的大環境一切都需要算計、數字和透明度，這樣才讓我們提得起勁，不過這也代表醫療工作在大家眼中只是例行公事，完全稱不上一種志業。」

拉文認爲這些數字和目標有任何幫助嗎？兩個字：沒有。

二〇一五到二〇一六年，英國醫師不滿工作條件而發起大罷工，鬧得沸沸揚揚。讓醫師打從心底不滿的是，他們在週六和週間晚上看診，居然被視爲正常工時，無法請領加班費。種種跡象看起來，問題就是難以滿足保健因素。

然而，我與數十位醫師私下聊天後發現，這些問題和罷工底下潛藏著更根本的焦慮。NHS愈來愈依循傳統的管理思維來運作，但這種思維老早就落伍了。這可以從現代NHS規畫方式窺知端倪，包括認爲醫院之間「內部競爭」可以增進效率，還有NHS章程核心的「病患權益憲章」等。面臨管理階層的長期流動，英國時任衛生大臣傑瑞米．杭特（Jeremy Hunt）堅持，我們需要「全天候的NHS」。這聽在許多醫師耳裡，活像要他們開一家二十四小時的超市，簡直就是在侮辱日益厭世、缺乏衝勁又滿腔憤怒的專業醫療人員。

當然，原則上很難反對國家級醫療服務把病患需求擺第一，尤其是像NHS如此重要又受重視的機構。但實務中，此舉導致NHS急速「官僚化」——造成繁瑣的制度和流程，還有成千上萬的管理人員，他們存在的唯一目的就是蒐集資料，以顯示病患目標的達成進度。這些人占用了寶貴資源，因此才無法聘用更多醫師和護理師，也難以輔助現職醫師和護理師日益吃緊的工作重擔。

這種官僚制度根本上切斷了醫病關係之間的人性面。愈來愈多的醫師覺得自己只是孤軍奮戰的小齒輪。假如我們真的努力改變，就不可能把使命感消磨得如此嚴重：醫師的天職是服務病患，我們卻害他們看不到自己的工作真能助人。這怎麼能稱得上「把病患需求擺第一」呢？

另一項類似的趨勢看起來也已衝擊了護理產業。英國備受敬重的國王基金（King's Fund）在二〇二〇年發布的一份報告如下：早在此次疫情大流行之前，醫療從業人員早已負荷過度了。二〇一九年，員工的心理壓力、缺勤率、離職率和有意辭職比例都高得驚人，整個醫療護理產業出現大量的護理師和助產士缺口。[4]

的確，在新冠肺炎疫情期間，社會大眾對醫師、護理師和其他醫療人員的肯定——包括每週一次「幫醫療人員掌聲鼓勵」的活動——也許帶來了短暫的激勵效果，但根本的難題依然是內在驅動力匱乏。

這不僅僅是英國的問題。保險公司與醫療服務機構設計同樣複雜的方案，造成美國各地都出現了類似的壓力，甚至大幅推升《紐約新醫革命》這類電視影集的人氣。這部影集主角是麥克斯．哥德溫醫師，他著手改革一間歷史悠久的美國公立醫院、剷除官僚主義，設法爲病患提供更好的照護品質，該影集的主要理念是「對抗體制」，明顯有別於《實習醫生》等有點生膩（又令人上癮）的其他醫療影集。威斯康辛州克恩醫學教育改革研究院（Kern Institute for the Transformation of Medical Education）院長艾迪娜．卡雷特（Adina Kalet）向我表示，攸關行醫使命的種種嚴峻問題不僅出現在英國，美國也是一樣——說不定還更加嚴重。

新世代員工驅動力低落的主因

除了第一線醫療專業人員感受使命感日益減少，現今商業界也出現同樣回天乏術的趨勢。商業教育通常是企業思考自身定位的良好指標。美國商學院多半成立於二十世紀初，當時的使命十分明確，就是運用強大的商管實務，幫助美國經濟與社會更加繁榮。然而，現今商學院卻常常讓人感到厭世，目標僅鎖定在促進學生實現個人目標、提升未來薪資。實際上，《商業週刊》或《金融時報》等媒體公布的年度排名中，MBA畢業生薪資成長比例，正是用來商學院排名的關鍵評分標準。

這結果帶來翻天覆地的影響。已故哈佛商學院教授克雷頓．克里斯汀生性格謙遜但成就斐然。他在《你要如何衡量你的人生？》一書中，❺回顧了自己多年來教過一代代哈佛商學院MBA學生，他們當初來就讀多少都是想改變世界，可能是提出遠大的創業想法，或畢業後解決重要的社會問題。但他發現更多時候，哈佛大學畢業生選擇首份工作完全是基於薪資、社會地位和福利等保健因素。他們多半進了麥肯錫顧問公司和高盛集團這類企業，少數畢業生真正熱愛自己的工作。但在許多例子中，這宛如金錢與地位的相親，到頭來，不少聰明絕頂的學生提早離職，成了別人口中「只能同甘」的領導者——也就是需要共苦時就馬上跳槽。至於留下來的人，往往感到愈來愈空虛，有時甚至完全迷惘。

我們在第一章曾提到現代驅動力思維之父理查．萊恩，他引用了一項研究，其中調查了五百名加拿大商學院校友畢業後的職涯。這些受訪者內心的使命感（有些人更是毫無使命感可言）可用來預測他們是否會離開公司，準確度頗高。❻

工作的使命感——即工作貢獻與服務他人的主觀感受，真的很重要，從事任何工作都一樣。這點也適用於藍領員工。艾倫．魯佩爾．雪爾（Ellen Ruppel Shell）在筆下鉅著《工作》（*The Job*）❼中，訪談了各行各業的美國人。舉例來說，她與一群消防員交談時，發覺隊上的氣氛充滿熱忱，隊員關係的融洽無比重要。他們彼此的默契，加上助人的共同目標，似乎最能激勵出工作熱忱。

可見人際關係是「使命感」的核心。但這不就是嬌生慣養的歐美人一窩蜂追逐的潮流嗎？並不盡然。查爾斯在一家總部設於中國的全球專業服務公司擔任審計人員。他的看家本領是與舞弊為伍，包括舞弊偵防、因應對策。他的主要職責之一是協助歐美企業進行盡職調查（due diligence），方便他們針對中國這個全球第二大經濟體裡的同業展開收購或合作。

身為移居英國的第二代中國移民，查爾斯搬到中國多年後，才完全理解父母拉拔他長大時做了多大的犧牲。從他五歲開始，父母就默默地含辛茹苦，把他和兄弟姐妹送進貴族私校就讀，這顯然與家人開中式餐館的社會地位不符。一直到日後他才明白，餐館的收入常常不足以按時繳納學費，所以父親有時會用信用卡借貸來維持生計。最近查爾斯在幫父母搬家時，不僅翻到自己求學時期寫的報告，還找到所有學費收據，上頭的繳納日期都是父親親手謄寫。查爾斯這才意識到，父母從小到大只接受過非常基礎的教育，因此一直以來的使命就是在能力範圍內，給予孩子最好的教育。他們的使命感基礎，就是給予孩子更理想的未來；雖然自己無緣繼續升學，但以孩子優異的學業表現為榮，進而更有動力不斷付出。

如今，父母完全難以諒解查爾斯為何要移民回中國，他忙著因應這種父母固執心態造成的餘波蕩漾。他招募的新世代中國人在起初任職時，都有「富二代兒子」或「政二代女兒」等非正式頭銜。不論古今，「關係」在中國都至關重要，在當代可能更為重要。這些新人往往有點嬌生慣養，有時不大願意承擔苦差事。但即使是出身較普通的新人，也往往缺乏工作衝勁。多半是因為中產階級的父母做出不少犧牲，他們才能脫穎而出，日後卻像蜻蜓點水般一直換工作，看到哪個工作有趣，就馬上被吸引過去。

即使在中國這樣的國家，以往工作使命感的來源——累積足夠財富以供孩子衣食無憂，反而害得現今新世代員工常常被寵壞且驅動力低落。

大幅提高薪資，未必會產生激勵作用

正如前文所見，使命感必是工作的核心，但這並不代表薪資等保健因素不重要。還記得第一章赫茲伯格提出的驅動力「雙因素」理論嗎？無論是低薪或較同類工作遜色的薪資，都可能讓人工作士氣低落。

這項見解也適用教師薪資問題。英國著名教育學者薩姆．席姆斯（Sam Sims）表示：「統計資料清楚顯示，相較於其他職業，教師的薪資確實更加重要。」

說來諷刺，我與薩姆會晤的地點是杜拜一家豪華飯店，旁邊正是舉辦全球教師獎高峰會的亞特蘭蒂斯飯店（Atlantis Hotel）。肯亞教師彼得．塔比奇（Peter

Tabichi）方才贏得瓦爾基教育慈善基金會（The Varkey Foundation）贊助的一百萬美元獎金。在德高望重的評委會遴選下，彼得從數千名申請人中脫穎而出，成爲全球最棒教師。但撇開獎金不談，教師低薪其實是屬於全球的問題。舉例來說，美國多年來已有不少民主黨總統候選人（最近是副總統賀錦麗），都有意把提高教師薪資當成主要競選政見。❽

荒謬絕倫的是，非洲有許多教師，比如我因爲工作而待過一陣子的烏干達，薪資往往無法養活自己，所以不得不靠自行車或機車計程車，或在自家農場辛勞工作彌補收入。雪上加霜的是，他們的薪資常常被拖欠好幾個月。

但同樣有證據顯示，單單薪資一項因素也不是萬靈丹，畢竟這不是眞正的驅動力因素。印度公部門教師過去十五年的薪資持續上漲，部分地區的教師薪資在考量國民平均所得下，甚至可說是全球名列前茅。但在一般上學日，平均仍有四分之一的印度教師缺席，這項指標在過去二十年沒有出現任何變化。正如世界銀行塔拉·貝特耶（Tara Béteille）和大衛·伊凡斯（David Evans）所發布的一份報告所稱，薪資對教職整體吸引力的影響，比我們想像得要難以預測。❾

以上證據在在支持赫茲伯格對於保健因素的核心假設：大幅提高薪資也許會避

免教師工作驅動力下滑，但不會眞的產生激勵的作用。

那軍中的薪資與福利呢？想必是英雄般使命感最重要的來源吧？史蒂夫．特諾克（Steve Turnock）中校駐紮在知名的阿比伍德英軍基地，他所面臨的最大難題是確保薪資和福利（所謂的「軍中待遇」），不會成爲軍官們想要留下來的主要驅動力，尤其是假如使命感隨著升官而下降，更不是好事。

近年規定修改之前，軍中待遇是保證五十五歲開始能提領的退休金比照最終薪資，以及未成年眷屬的寄宿學校費用補貼等福利（有鑑於孩子可能得配合軍職父母經常搬家）。雖然時間一久，這類待遇已變得不大具吸引力，但仍然有史蒂夫所說的「退休金效應」：距離退伍還有數年的軍官，不惜一切代價都要待好待滿。他進一步說明：「害怕失去軍中待遇可能是軍官留任的原因，但這絕對不是好事。」史蒂夫的任務常常是輔導軍官克服這類惰性，並幫助可能已失去從軍熱忱的人轉換跑道。

但史蒂夫也強調，這並不代表可以忽視保健因素。「軍人眷屬住在冷死人的宿舍，暖氣機花三個禮拜才修好——這樣也不對，你還得解決薪資和住宿的問題。」

前文提到的學者理查．萊恩針對這項主題的研究做出以下結論：「正面的工作驅動力，特別是實現高品質工作的驅動力，主要是心理誘因而不是津貼誘因的作用，所以薪資結構應該要輔助心理誘因，而不是扯後腿才對。」萊恩還指出，許多研究一再強調，薪資得公平公正。這些研究結果橫跨不同的工作環境，包括鞋子工廠、美國銀行、非營利組織志工、甚至聯合國員工都有相同的看法。❿

按績效發放薪資是當前最爲普遍的短期驅動力機制，即給表現出色的員工發（通常大量）獎金。這是現在大多數產業高層主管的標準做法，不過企業界普遍認爲這促成資本主義最糟糕的揮霍行爲，其中包括二〇〇八年的金融危機。

身兼講師與作家的艾菲．柯恩（Alfie Kohn）回顧了一九九〇年代美國數十個針對績效導向薪資的研究，結果發現大多數績效與驅動力正相關的說法都被嚴重誇大，牽扯到研究方法的問題就更加複雜。⓫舉例來說，這些研究鮮少關注員工生產力的品質（而不僅僅是量化數字），而且幾乎都只能在相對較短的時間內追蹤成效。

外在誘因會減損內在驅動力

我們在STiR審視了十八個隨機控制實驗，受試者皆是按績效計酬的開發中國家教師（即教師班上孩子只要學業成績進步就會獲得獎金）。我們發現，結果好壞參半。即使在少數按績效計酬「有效」的案例中，這些方案也非常昂貴（通常超過教師年薪的一〇%），而且鮮少有研究追蹤此類薪資方案兩三年以後的成效。

世界銀行經濟學家史維蘭娜．莎巴渥（Shwetlena Sabarwal）將按績效計酬方案比喻爲乙醯胺酚。她說，這類消炎止痛藥當然可以減輕部分短期疼痛，但鮮少能成爲教學工作驅動力潛在問題的長期解方。

這點佐證了我們對於激勵當做（或可說濫用成）驅動力因素的研究結果。近來，經濟學家尚．提賀勒（Jean Tirole）和羅蘭．貝納布（Roland Bénabou）表示，從長遠來看，外在誘因幾乎必然會減損內在驅動力。[12]心理學家瑪麗安．普讓柏格（Marianne Promberger）和泰瑞莎．馬托（Theresa Marteau）表示，相較於使用外在誘因，內在驅動力會帶來更有益的長期行爲；換句話說，內在驅動力更能永久持續。[13]問題在於，我們愈相信外在誘因，它們就愈容易成爲心智模型——也就愈容易成爲世界運轉的力量。

理查．萊恩研究了績效計酬的證據，從中得出結論：「外在誘因通常會刺激大家盡量走捷徑到終點，但往往會伴隨著重大傷害。」[14]

新冠肺炎疫情顯示，過度投資保健因素卻忽略驅動眞正使命感的事物，可能會適得其反——還得付出龐大的代價。在矽谷和班加羅爾這兩個距離遙遠的地點，科技業巨擘紛紛打造閃閃發光的工作「園區」，一律裝有最先進的設施，像是有頂級頻寬的空調辦公室、室內一律備有手足球台、室外有網球場和籃球場，還有無限供應各地菜色的咖啡館。他們甚至還有員工接駁巴士（車上當然有高速Wi-Fi）來接送員工往返園區與住家。

然而，這些企業內許多員工似乎偏好現在新冠肺炎封城伴隨而來的在家工作機會，即使（譬如印度部分地區）他們不得不在狹窄公寓內的臥房工作也沒關係。[15]如今，同一批科技企業苦惱不已，納悶那一座座工作園區該怎麼辦——當初可是砸下數十億美元才建置而成。

哈佛商學院教授普利斯維拉傑．喬杜里（Prithwiraj Choudhury）大力推動「隨地工作」風氣。他理想中的世界實體辦公室不復存在，至少多數時候對大多數員工來說確實如此。我有一集podcast便邀請他上節目，針對他眼中的遠距工作趨勢進行訪談。他指出，自從新冠肺炎爆發以來，許多科技巨擘已訂定了雄心勃勃的計畫，逐步實現「隨地工作」的願景。他還看到新創企業打造了像「虛擬茶水間」等應用程式，好讓員工仍然可以見面聊天——軟體演算法利用員工的虛擬休息時間，隨機分配員工到茶水間閒談。（沒錯，頗有喬治．歐威爾筆下的極權既視感，對吧？）

此刻門上沒有任何公司ＬＯＧＯ，沒有公司「制服」（正式和非正式制服皆無），更沒有老闆對你投以關切的眼神，只剩下一件事連結員工與雇主：使命感。爲此，普利斯維拉傑認爲，組織領導人若能持續令員工感受到深刻的使命感，同時以身作則地把使命感融入個人生活，勢必會成爲當前全新職場時代不可或缺的能力。

工作與生活平衡，職業倦怠不減反增

這個未來看起來令人害怕，但別忘了，這正是當今全球大多數員工面臨的現實。根據國際勞工組織的統計資料顯示，全球超過六〇%的就業人口已在非正規部門工作——普通商店或小型企業，既不納稅也不受政府監督。[16]類似情況未來在新興國家可能會更加明顯：舉例來說，曾任英國國際發展部的顧問就告訴我，衣索比亞正快速成長，九〇%的新職缺預估都會是非正規工作。在非正規機構，早已沒有企業的福利可言。非正規機構的創業家飽受各種震撼教育——從貪得無厭的高利貸，到侵門踏戶的大型連鎖零售商——維持使命感度過難關是他們的優先要務。

即使享受不到企業固有的福利，只要使命感始終如一，工作也能獲得驚人的成就。奧利．達布斯（Ollie Dabbous）是英國極富創意精神的廚師，他開的首家餐廳達布斯（Dabbous）達成一項罕見成就：開業八個月內就獲得了米其林評鑑一顆星。他對我述說自己在餐廳「食物鏈」上的經歷，比如從二廚爬到副主廚很少有福利可享，即使在像貝爾蒙德四季餐廳莊園（Le Manoir aux Quat'Saisons）這樣的高檔餐廳也不例外。他大部分古典烹飪的廚藝都是在那裡磨練出來的，描述那裡的廚房是「不成功便成仁」。但達布斯努力不懈，驅使他的是終極使命感——料理出於自己眞正想吃的食物，而且客人吃起來同樣覺得不同凡響。

正如前文所提，「使命感」應該是我們工作時輸入腦袋GPS的目的地。在此，我想說點可能會引起爭議的話：我認爲，許多人對於「使命感」做出太多妥協了，而這是因爲時下在討論工作時，心心念念的是「工作與生活的平衡」，到頭來卻分散自己對使命感這項核心問題的關注。

法國向來對於減少工時不遺餘力。凡是超過規定時間的加班——至少對於主管之外的專業人士來說——都會一絲不苟地加總，再計入額外的年假。理論上聽起來很棒，但與許多巴黎人聊過才曉得，現實是年假太多的代價高昂（家中有學齡兒童的父母都可以作證）。最後導致你帳面上有假可放，可是若想好好完成工作就不能休假；或像巴黎辦公室長期空得只剩「骨架」，因爲全部員工同時到班的日子太少了。

英國旅遊保險企業Saga的客戶群幾乎全部由長者組成，其在二〇一八年進行的一項調查中發現了很有意思的趨勢。絕大多數近六十歲的受訪者都希望繼續工作，而不是選擇退休。Saga人資主管凱倫．卡迪克（Karen Caddick）的結論是：「對許多年紀較長的員工來說，留在工作崗位對身心都有很大的好處，許多受訪者表示工作時間愈長，就愈有助於改善他們整體的健康。」⑰

我們現在看到的職場壓力和倦怠，除了反映工作本身時數，也反映了我們工作時缺乏使命感。

瑞典常是世人公認的工作與生活平衡典範，是當前趨勢中值得玩味的例子。不到一％的瑞典人每週工作超過五十小時，而且幾乎所有工作都附帶超過五週的有薪假。⑱育嬰假和托兒補貼也幾乎是全民共享——就前文的保健因素來說，這眞是了不起的成就。然而，瑞典的員工職業倦怠卻不斷攀升，十分驚人。舉例來說，工作壓力相關的慢性病發生率在年輕族群已然翻倍。根據瑞典社會保險局的統計，「臨床倦怠」占所有年齡組長期缺勤案例的五分之一。瑞典人的工時正在下降，但假如工作缺乏使命感，還是會造成壓力和倦怠。

人類愈活愈久。倫敦商學院教授林達．格拉頓（Lynda Gratton）甚至提到，「百年壽命」得成爲我們對平均壽命的全新參考基準。⓳ 這勢必代表我們的工作年齡也會延長，而退休金制度與退休年齡帶來的壓力，也只會更加強化這點。

以我們待在客廳和臥室工作的時間來看，工作不見得是一般認爲的那種劃分清楚、與世隔絕狀態。的確，並非所有人都能在工作中追隨自身眞正的天命，但至少希望本章部分觀念有助讓工作更有吸引力，長此以往還可能會激發我們找到個人的天命。

當然，工作時數和彈性時間確實重要。一九八〇年代的英國NHS體系下，我父母還是年輕醫師，常常瘋狂加班；正因如此，我三歲前是由印度祖父母照顧。我後來終於搬到英國與父母團聚時，則換成倫敦東部巴金醫院（Barking Hospital）的鄰居、護理師和計程車司機輪流照顧我，我永遠對他們心懷感激。的確，我們需要有足夠時間陪家人和伴侶（後面章節會詳細探討），沒有人應該受到工作的剝削。

也正如Saga調查所指出，更具彈性的工作模式和工時，確實有助留下經驗豐富的人才。但就像薪資和工作條件一樣，工時和彈性本質上也只是保健因素。正如瑞典的例子所顯示，單純增加保健因素並不能解決「使命感」這個核心難題，我們必須加以正視。

績效達標的壓力，局限自主權

工作確實與人生密不可分，我們要盡量賦予工作使命感。我們已看到，職場上缺乏使命感是多麼普遍的現象。雇主們卻沒有設法正面處理這個問題，而是採取了另一種策略——破壞自主權，進而掌控員工。

諷刺的是，部分研究表明，自主權與員工留任意願高度相關。舉例來說，一項針對台灣醫療保健中心員工的研究發現，工作自主權的提高有助於降低離職意願。[20]澳洲相同產業的員工也出現類似的調查結果。[21]

警務工作為這項趨勢提供了值得玩味的例子。許多人都讀過麥爾坎．葛拉威爾在《引爆趨勢》中描述威廉．布拉頓（William Bratton）的著名故事，還有他透過統計資料鎖定小型犯罪來徹底改善紐約的治安。這包括不少人耳熟能詳的「破窗理論」：針對明顯可見的輕罪，打破窗戶的行爲就是很好的例子。警察可以協助打造守序的風氣，到頭來可以預防之後發生更重大犯罪的風險。[22]

有時，這些發展無意間助長了一種隱性論述：以往，我們太仰賴警察的個人判斷和自由心證了——換言之，就是給予太多自主權。眞正關鍵應該在於更爲嚴密、資料導向的管理。

然而，眾經濟學家自此更是仔細去研究犯罪率下降的原因。許多學者現今認爲，儘管資料導向的警務工作可能發揮了部分作用，但犯罪率下降可能與當時景氣繁榮有更大的關係，這首先減少了犯罪的發生。《蘋果橘子經濟學》作者史蒂芬．李維特（Steven Levitt）更進一步指出，犯罪率下降最重要的原動力是先前二十年意外懷孕比例下滑。根據李維特在書中的說法，這減少了在弱勢環境中成長的兒童比例，進而讓後來進入刑事司法體系的年輕人變少。[23]

近來在英國碰上犯罪案件的人，就不難看到資料與目標導向，再加上第一線人力削減所帶來的影響。我訪問過的一位倫敦西部居民，他的汽車停在車道上被偷，卻得完全透過線上入口網站聯絡當地警方，沒有進行任何一絲的調查。這個入口網站似乎只是爲了提供保險公司相關細節。之後，當地警方還有臉要他完成「受害者滿意度調查」——當然也完全是線上進行。[24]

爲了因應上述趨向，許多備受敬重的警察高層紛紛響應，呼籲要重新審視警職本身自主權的不足。這正是賽門．蓋佛爾（Simon Guilfoyle）筆下《智能警務》（*Intelligent Policing*）一書宗旨。[25] 簡而言之：龐雜的目標、「只重達標的管理」和縮減成本導致許多警察士氣受到嚴重打擊。

但若以爲僅有公職（因爲無止盡的預算壓力）自主權益發低落，那就大錯特錯了。《美國公共電台》資深編輯史蒂夫．卓蒙（Steve Drummond）告訴我，就連記者現在也面臨績效達標的龐大壓力，因此感到自主權大幅受限。

「我們不斷受到金主質疑，其中不少是基金會，要求我們出示明確的統計『數字』，像是多少人閱讀文章、多少人眞的讀到最後，因爲大多數人都習慣線上閱讀，這點確實可以用科技來衡量。

「問題是，這往往排擠了讀者對眞正有影響力文章的關注，比如我們寫了一篇調查報導，前後花了好幾個月的時間，調查成千上萬的年輕人爲什麼只因爲財力證明表上小小的行政疏失，就錯失了大學獎學金。我們這份調查幫助很多年輕人重獲讀大學的機會。但是如果我們迫於壓力要追逐數字達標、不斷產出新的報導，就很難專注於這類故事了。」

與它相關的行業，出版業也出現類似自主權下滑的趨勢。數年前，我在一家全球大型出版社非小說部門待過一段時間，這份工作雖然短暫但十分有趣。我的主管是個幹勁十足的編輯——熱情洋溢、活力充沛，腦袋滿是點子。

但在我到職第二天，我看她走進辦公室，滿臉沮喪。

「你聽過這個男的嗎？」她問我，把一份手稿扔到我桌上。

我老實說沒聽過。

「現在有一大堆美國人開口閉口都在討論他。他第一本書的英國版權還在等買家，我剛剛和銷售部門開完採購會議，可是他們認為版權金開價太高了。我好說歹說，他們就是不願意讓步，最後甚至不讓我參與議價過程。」

她真正挫敗連連的是，這個閉門羹看起來是總公司設下的限制，規定出版社針對新人作家（尤其是美國作家）只能付出一定成本。她看得到（甚至直覺認為）這本書蘊含龐大的潛力，但即使自己已是社內資深編輯，她也沒有自主權推翻上頭的決定。

當時，正好是那位仁兄首次在民主黨全國代表大會上演說、轟動全美後的隔年。你大概猜到了，作者是歐巴馬，㉖手稿正是《歐巴馬的夢想之路：以父之名》，英國版權由一家獨立出版社「坎農格特」（Canongate）奪下，當時這家出版社想必更信任自家編輯，充分賦予自主權。這本書與歐巴馬後來的著作《歐巴馬勇往直前》㉗（坎農格特出版社也拿到這本書版權）在英國銷售了近五百萬冊。歐巴馬這兩本書，加上早先壓對寶，簽下的《少年Pi的奇幻漂流》㉘獲得布克獎，大大拉了坎農格特出版社一把，成爲世界上飛速成長的出版商。

二〇〇八年，我觀看歐巴馬的就職演說時（大選期間我在華盛頓待了好一陣子），不禁想起前主管，居然與大好機會失之交臂，她一定很不甘心。

以往，編輯是由出版社根據經驗和能力聘用，負責精明地挑選書籍。銷售團隊的工作基本上是賣編輯選好的作品。如今，英國大多數出版社都是經「委員會」同意才採購，銷售、財務和行銷部門同事對書籍的採購都有發言權。

這表面上是降低風險的好方法，而且在某種程度上好像更爲民主。但這讓工作本是買書版權的編輯感到失去自主權，最終也得負責打書、進行專案管理。以往對編輯的刻板印象是只要有信念就能隨心所欲，但這類編輯如今已愈來愈稀有了。

自主權一再下滑也成了教師工作的關鍵特色。天秤其中一端是橋梁國際學校（Bridge International Academies）這個在非洲和印度備受矚目、得到微軟創辦人比爾·蓋茲和臉書創辦人馬克·祖克伯等人出資贊助的營利型連鎖學校。橋梁國際學校採用很有特色（也別具爭議的）「箱中學校」模式，即用鐵皮建造校舍。教師來自當地社區，通常沒有受過專業師培教育。相反的，他們是不折不扣的「按腳本演出」——透過平板電腦依循即時指令，在規定時間內執行教學內容。而平板電腦的分析功能則讓學校可以監控校內每間教室的每秒動態。

不意外的是，橋梁國際學校遭到了教師工會的抨擊：數年前只要打開肯亞的電視，通常會在頭條新聞上看到工會反對該校的聲明。但橋梁國際學校的聯合創辦人夏儂·梅伊（Shannon May）認為，藉由這種方式提供教學腳本，可以讓教師不必煩惱課程內容，有助他們思考如何提升學生參與度。[29]

橋梁國際學校的例子只是自主權危機的冰山一角（而且也確實極端）。任何社會中，似乎都有個趨勢會顛覆現狀、逐步走向限縮自主權。我記得曾與一位倫敦東部老師談過，她的學校已開始規定教室內的大小事，一切規定得鉅細靡遺，甚至包括作品掛在教室牆上的方式（位置、高度、數量都有嚴格規定）。負責英國教育標準局（以下簡稱OFSTED）視導的副校長每週都會來逐一巡視（不是單純觀察）教室。教師的實際做法愈偏離標準、副校長的眉頭就愈皺。到後來只要副校長進教室，她就渾身不舒服。

根據英國全國教育聯盟的數據，居然有高達四〇%的英文教師預計會在二〇二四年前離開教職。㉚原因爲何？超過六〇%的教師歸咎於工作量，四〇%的教師歸咎於問責制度，抱怨OFSTED視導與學校績效排行榜的壓力。凡此種種因素都環環相扣，後文也會加以探討。

如果你人在英國，可能已看過夢幻般的教師招聘廣告，宣稱「每一堂課都影響了生命」，附上幸福教師翻轉孩子生活的小品文，就像電影《危險遊戲》中的蜜雪兒．菲佛一樣。可惜，這與現實不大相符。

一位教師在二〇一九年全國教育聯盟的調查回覆：「我的工作重心不再是孩子，而是每個禮拜六十個小時的高壓工作，只爲了拉起孩子的成績。」

這位教師固然想發揮影響力，但這似乎與OFSTED和學校排行榜的要求脫節。大多數教師投身教職，是希望能激勵並教育年輕人，展現對自身專業學科的熱情——

而不是花大量時間把資料輸入表格。

這類教學的規定或腳本究竟可行性多高？國際發展大思想家蘭特・普立契特（Lant Pritchett）把工作分成審慎酌情和後勤爲主。他認爲，根本不可能把非屬後勤類的工作，設下規定或指定腳本來按部就班。㉛

實情是，無論我們再怎麼想否認，教學都是一項複雜的專業，不能簡化爲後勤工作，也很難以標準化流程呈現。只要問問比爾暨梅琳達・蓋茲基金會就曉得了；該基金會花費近兩億五千萬美元，設法編纂並指定美國公立學校教師課堂教學內容。想精準教學的結果，卻是失敗收場，而基金會也公開承認失敗（這倒是值得大大肯定）。㉜

教學就是典型的例子，教師每天每分鐘都得面對數百萬個潛在的變化，變因包括不同的孩子、不同的主題、不同的環境等。即使部分內容的分享可以採用自動化，教師的關鍵作用始終是與孩子建立深刻的人際互動。

在美國，諸如前總統小布希提出的「沒有任何孩子落後」這類立意良善但設計欠佳的全國教育政策，或像前總統歐巴馬的「邁向顚峰」這類稍有改良的延續計畫，都是設法動用聯邦層級的影響力和資金，改善美國眾所皆知的地方分權教育制度——即各州握有眞正的執行權力。上述兩項計畫都攸關打造更爲一致的全國課程（稱爲「共同核心」），設法扭轉教師耗費時間與心力的方向。

想對基礎能力（比如閱讀和數學）多點關注，的確值得肯定也難以反駁。但兩種做法都破壞了教師的自主權，黛安·拉維奇（Diane Ravitch）等學者毫不留情批評這導致了「操弄」的現象。㉝她個人的研究加上分析數十項其他研究後，顯示出一項難改的沉痾：「考試領導教學」。她也發現一項趨勢：爲了「縮小」成功的定義，因而減少（甚至取消）課程其他重要面向，比如藝術和體育科目，一切都是爲了讓考試分數達標。

但爲了改善學業成績這項遠大目標，這一切的犧牲究竟值不值得？拉維奇還有一項打臉的結論：紐約等州看似飆升的考試成績，多半可能只是假象。她的分析顯示，這類成績提升其實攸關逐漸鬆綁的考試規定、徹底的考試領導教學——最令人震驚的是，教師自己監考時作弊，像是篡改學生的答案。拉維奇還發現，教師作弊幅度與各校考試成績之間居然存在強烈的正相關。這些現象在二〇一五年出現戲劇般轉折，當時亞特蘭大公立學校體系提告詐欺罪，眾多教師遭到逮捕。在多次上訴失敗後，部分被告教師最終得入獄服刑。㉞

在上述極端案例中，不僅是教師的專業遭到剝奪，教師甚至喪失道德操守這項教職的核心價值。放眼世界各地，實在難以否認教師正逐漸失去對教學的熱愛。

跨領域的專精度

我們想到「專精度」時，往往會本能地想到麥爾坎．葛拉威爾在《異數》一書中提出的「一萬小時法則」：任何領域中，想要達到眞正的「專精度」，需要持之以恆和刻意練習，平均得花費一萬小時。㉟

這裡頭當然自有道理，卻掩蓋了更複雜的事實。專精度——至少就最純粹的形式來說——其實更像一條彎曲的小徑，而非筆直的道路。想要專精任何工作領域，也遠比我們想像得更加廣泛、複雜與多面。

大衛．艾波斯坦（David Epstein）的《跨能致勝：顚覆一萬小時打造天才的迷思，最適用於AI世代的成功法》一書中，談到累積並綜合不同經驗的需求，以及這點何以能眞正幫助大眾整合出跨領域的專精度。他認爲，無論是網球或科學，我們都低估了廣泛涉獵的通才功用。艾波斯坦與網球好手費德勒（Roger Federer）的母親交談後發現，費德勒多年來其實嘗試過許多運動，除了網球還有足球、羽毛球等，後來才專心於網球。㊱

艾波斯坦的觀點也可以適用於組織內的工作。通常在公司內部，那些看似容易的問題（單純、直接、技術爲主且範圍明確）其實都是棘手的問題。而這種「棘手」並非來自於技術層面的需求，而是源於更廣泛的面向——凡是涉及與人合作、影響他人皆是如此。

查爾斯（本章前半提到的先生）在中國所面臨的難題當然也是如此。你可能會想，他的審計工作似乎枯燥乏味，成天與數字爲伍又注重細節。但只要找查爾斯聊聊，就會發現他的職責橫跨多個面向，遠遠超出了單純的執行；儘管有時工作本身會一再重複又講究高度精確性，他也要確保團隊中年輕成員有工作動力，對他們表示肯定和欣賞。他還要學會理解不同國家認可的商業行爲，背後所蘊藏的不同看法和文化心態，同時因應中國客戶的文化期待與歐美客戶等其他利益關係人的差異。

我們根本把工作的「專精度」與專業化和秩序混爲一談。現今的世界如此複雜甚至棘手，代表我們需要採取更加多元的方法。

簡而言之，我們已看到在當代職場上，使命感、自主權和專精度正遭到蓄意貶抑，甚至完全被破壞。顯然，這對於我們的工作十分有害，對自己效命的組織來說，也造成營運的風險。

全球各地的管理大師告訴我們，身處競爭日益激烈的世界（下一章會詳細說明），任何組織成功的祕訣就是獨特的「定位」：在組織所屬產業和市場中，提供同行無法提供的產品服務。

《吃掉八〇％市場的稱霸策略》是討論定位策略的著作，在矽谷和創業界引起廣泛的關注。[37] 該書論點是：有鑑於現今創投資金的爆炸成長，太多新創企業一直在遵循沒經過差異化的「模仿」策略。該書的共同作者認為，未來市場的贏家將打造全新的產品類別。其中，克萊斯勒的休旅車便在汽車產業創造了一個類別。藉由生產小型的「神奇旅行車」，克萊斯勒區隔出一個前所未見的全新汽車市場。

但想要實現不同的定位，員工就需要深度投入組織的使命。無論是到光鮮亮麗的辦公室出席會議，還是從臥室用 Zoom 遠距連線，員工的日常行為如何表現出該組織的形象，顯得非常重要；景氣欠佳的時候更是如此，因為此時無法直接招募新人或加速員工升遷。

個人本身的使命感，如何連結到所屬或代表組織的使命感，未來會顯得更為重要。這個連結不可能像過去一樣似有若無，僅由花哨的辦公室或咖啡機等保健因素維持。

幸好，重燃工作的內在驅動力並不需要太高的成本，有時甚至可以替組織省錢，但需要的是領導與堅持。我們可以對當前的趨向力挽狂瀾。

現在不妨打造職場的「新政」吧？我們來看看可行的方法。

無論工作或職業為何，我們幾乎都可以重新建立使命感。最棒的方法就是我所謂的「重塑框架」：對於公司員工來說，就是深入淺出地理解、闡述工作如何促進所屬組織的整體使命感，以及組織的使命感如何進一步幫助與服務他人。

我撰寫本書這部分時，正在倫敦的「水道」（Conduit）這個基於「使命感」和社會影響力而成立的會員制俱樂部裡。我目睹了調酒師與兩位客人之間的對話，聽得我不禁坐直身子。這兩位客人分別是一名中年男子與他的十三歲女兒。

厄瓜多爾裔調酒師伊利思向這對父女介紹各種無酒精調酒，幾乎聊了一個小時，要他們邊嘗邊聞眼前的調酒。

事後我問伊利思為何要大費周章，他解釋說：「女兒和老爸共度寶貴的父女時光，我幫助這位老爸替女兒弄了些很炫的調酒，女兒就會認為老爸很酷，回家就願意多跟他相處。」

「這就是酒保的工作，」他下了個結論：「我們拉近人與人之間的距離。」

伊利思先是哀嘆全球龍舌蘭酒短缺的事，話鋒一轉又說要給我嘗嘗他新研發的無酒精調酒（這絕對是撰寫本書過程中最好玩的訪談），同時聊起自己早先在康諾特飯店（Connaught Hotel）酒吧的歷練。他在那裡遇到了這行的傳奇人物沃特・平圖斯（Walter Pintus）和卡麥隆・蒙卡斯特（Cameron Moncaster）。在多次來回討論之後，他們說服伊利思一起加入「水道」團隊。由此可見，「水道」的使命感與他個人使命感產生了共鳴，這就是鼓勵他換工作的理由。

這都關乎如何讓使命感化為現實。我不禁想起了一則著名的小故事：美蘇太空競賽進行得如火如荼之時，美國前總統約翰・甘迺迪有次巡視NASA太空中心。他注意到有位工友拿著一把掃帚，便走過去對他說：「嗨，我是約翰・甘迺迪。你在做什麼呀？」工友回答：「總統先生，我在幫忙把人類送上月球啊。」[38] 組織內任何層級的員工，都可以重塑思考的框架。

艾瑪・賈吉（Emma Judge）是消費業龍頭聯合利華的顧問，她說該集團每位經理都得找到並說得出個人的使命感。這不僅僅關乎銷售更多即食濃湯或肥皂等產品，而是每位經理都得有條不紊地說明，當前工作對自己有何重要性，工作又如何能造福社會大眾。凡是職場人士，也許都可以仿效這項方法。

有時，工作環境有助我們重塑使命感。「第二個家」（Second Home）是個共享工作空間，努力想改變辦公的方式。[39]這個空間不只是公司辦公處，它希望積極培養在此的公司與員工的專精度，甚至大膽地宣稱，選擇在此辦公的公司比同等規模的公司成長快上許多。你當然可以爭辯類似雞生蛋、蛋生雞的問題（該新創企業只是選擇了前途看好的公司吧？），但「第二個家」的「突破舒適圈計畫」居然吸引各式各樣領域的講者，分享公司成長的各個面向，以及較爲日常的工作和生活，其中包括戶戶送（Deliveroo）和媽媽網（Mumsnet）共同創辦人的「人生教我的事」講座。「第二個家」還成立了自己的書店「Libreria」，進而吸引更多文壇講者與思想家。「精益求精」座談會則鼓勵成員分享個人經驗，主題從推銷個人品牌到理財規劃等應有盡有。

至於數一數二辛苦的警務工作，又要如何換個思考框架來找到使命感呢？魯本·亞伯拉罕（Reuben Abraham）在印度經營聲譽卓著的ＩＤＦＣ研究中心，是該國公部門改革專家。他正努力克服重重困難，想重塑印度警察的角色。他認爲，印度警察有機會改變過去一味運用恐懼、恫嚇、指揮和控制的心態，推動眞正爲地方服務的警務工作，這正是現代警察制度之父羅伯特．皮爾（Robert Peel）所提倡的理念。

長期以來，印度警方在印度民眾的心目中形象惡劣，這點甚至還反映在當紅的Netflix影集《神聖遊戲》中。該影集改編自維克拉姆．錢德拉（Vikram Chandra）的暢銷小說，㊵其中一幕是一位資深警官審訊拘留在孟買看守所的證人。該證人被繩子吊起來，整個人像板球般朝資深警官擺盪。這位警官站在原地，呈現漂亮的擊球預備姿勢，手拿板球棒進行審訊。警官進入擊球模式時，牢房內迴盪著「四！」和「六！」的慘叫聲；由於警官發覺證人並不配合，於是每次揮棒都更爲凶猛。整個場景令人不寒而慄。

魯本並不否認，少數警方單位可能還存在這類行爲，但他相信可以讓此事成爲例外，而不是常態。

所幸，印度警方似乎正在朝這個目標邁進。ＩＤＦＣ研究中心最近針對數千名印度民眾展開一項完全匿名的調查，結果顯示在孟買和清奈等城市，警察的日常行動獲得絕大多數人的信任。㊶這實在不容易，因爲在印度通常很難取得他人信任。

為了說明這點，魯本又告訴我一件事。他有一位資深女同事名叫普里蒂卡．辛戈拉尼（Pritika Hingorani），最近在孟買自家浴缸內意外滑倒，跌得頗為嚴重，全身都是淤青，整張臉也一青一紫。意外發生後不久，普里蒂卡就回到了工作崗位（這點並不奇怪，因為我見過普里蒂卡，她簡直有用不完的活力）。當天下班後，她從辦公室開車回家，母親坐在副駕駛座上，車子剛過一個紅綠燈，就看到一輛警車尾隨，閃燈要她停在路邊。

她心想，天啊，自己剛才違規了嗎？難不成是不小心闖了紅燈？

警察上前與她談話時，卻只是問她的臉怎麼了，要不要找她先生或父親問話？警察面露懷疑、不停追問，普里蒂卡和母親只好再三解釋，他才相信那確實是一場意外。

警察告訴她，假如有天真的發生家暴，請不要有任何猶豫，立刻報警就對了，直接打電話給他。然後，他把個人手機號碼給了她，萬一有事才好聯絡。

印度警察是否可能這般大刀闊斧地重塑地方警務，好讓警方與當地民眾建立真正的合作關係，目前尚無定論，但感覺指日可待。在IDFC研究中心的牽線下，我與旁遮普等各邦內滿腔熱忱的印度警方高層進行交談，他們都支持這種重塑警務工作的方法，也認爲能加以落實。該研究院目前正透過培養警方高層和警官的領導力，協助各邦警力朝這個了不起的願景邁進。

IDFC研究中心持續進行的公民調查，有助印度警方誠實面對此事。假如這項計畫大獲成功，希望別再看到《神聖遊戲》等影集拍出的惡行惡狀。

對於現代軍隊來說，重塑使命感更是無比重要。隨著軍事科技和文官制度的發展，愈來愈少軍人需要冒著生命危險上前線作戰。但這個過程伴隨一種風險：軍官的使命感開始益發抽離。本章前面提到的史蒂夫．特諾克中校正拚命地力挽狂瀾。

軍方有個刻意安排的階段計畫，也就是大力鼓勵（往往是要求）士官兵每隔幾年就更換職務和地點。史蒂夫表示：「大多數軍事專案都是安排八到十年。因此，在整個專案期間負責人可能會換四到五個。」史蒂夫目前的工作重點是採購新型裝備，維持軍隊實力。「說穿了，我就是在幫之後三四個接任的人，擬定可以實際執行的裝備訓練計畫。」

這毋寧是培養「使命感」的重大障礙：軍官被交派的任務，距離拯救生命的時間點實在遙遠。他表示，軍方正設法解決這個問題，盡量拉長派駐時間，同時確保達到重要「里程碑」才進行人員輪替，而非任意地決定交接日期。

史蒂夫一直在協助自己和團隊看到日常任務背後更大的意義，包括他最近的職務——盤點軍隊裝備。「我們在北愛爾蘭使用了裝甲型吉普車，後來到伊拉克和阿富汗想要如法炮製，結果保護力不足，造成不少傷亡。」他用這件事提醒自己的團隊，爲何採購和開發一流軍事設備如此重要，做得好是可以在未來拯救無數官兵弟兄的性命，即便永遠無法直接見到或認識這些弟兄也沒關係。他也表示：「我現在去打仗的機率渺茫，但我知道自己目前的工作，足以影響未來戰場上十八歲年輕人的性命。」

我們打造了極其複雜的組織，導致我們常常切開個人工作與更大使命之間的連結。重塑框架的過程中，也要讓我們最終服務的對象發聲，否則這些聲音終究會被忽略。

如何在職場上重燃自主權？

那職場上要怎麼重燃自主權呢？我與雇主和員工談到這個問題時，經常聽到對方深深嘆了口氣；一般人普遍擔憂，自主權必定意味著失序。

其實並不盡然。自主權不見得代表整個組織內沒有共同目標或是一盤散沙，也不代表組織每個成員都會開始各唱各的調。

當然，你可以在自主權上保持彈性。弗雷德里克．萊盧（Frederic Laloux）筆下發人深省的《重塑組織》（*Reinventing Organization*）一書中，描述了所謂的「Teal組織」——組織原動力源於自我管理的原則。Teal組織去中心化、適應力強，懂得覺察和因應，而不是設法預測和控管。[42]

萊盧引用了荷蘭大為成功的社會照護組織「守望鄰里」（Buurtzorg）做為例子。該組織服務了上萬名年長客戶，但幾乎沒有正式的內部管理架構、組織沒有執行長，也沒有高層擬定的目標、甚至預算。相反地，這一切都仰賴第一線護理團隊留意當地趨勢與需求，同時採取相應的行動，藉此設定目標和預算。萊盧認為，Teal型組織確實可能做到財務表現亮眼，同時又實現低員工流動率等目標。

轉型成Teal型組織對部分企業固然是正確的決定，但對其他企業來說卻窒礙難行。曾有人試圖將「守望鄰里」的模式拓展到英國NHS和社會照護產業，但是這項方法的自主權要求遇到太多障礙，以致無法完全採納，尤其是面臨有違傳統目標和控管機制時。

「引導式自主權」的概念也許這時能派上用場。舉例來說，我們起初在STiR舉辦每月的教師交流分享會時，曾誤以爲得讓教師直接點出心目中最重要的教學主題。問題是，教師們經常自然而然地關注自己無法掌控的主題，典型的例子就是家長參與度。這是教師們順從內心的直覺（也確實精準），在意家長對孩子教育的參與度不符期待。這並不是說家長參與度不重要，參與多寡確實重要，我們會在後面章節進一步探討這個問題。然而，教師對這個問題能掌控的有限，即使設法改善也可能需要很長時間才能見效。

在我們草創時期頭幾年，雖然看到教師的驅動力與用心大幅提升，但實際的教學現場卻沒有看到同樣大的變化。我們百思不得其解，直到與管理學作家丹．希思談話才恍然大悟。希思兄弟合著了《學會改變》等眾多暢銷書，針對行爲改變多有探討。43

丹向我們強調，行爲改變的順序十分重要，最好從快速又看得見的甜頭開始，先在腦袋內建成功的可能，再趁勢促成更大的改變。

我們按照他的建議，開始讓教師先著重帶班實務最具體的面向，比如他們用來管理班級的慣性行爲。我們向教師們說明，爲何重視慣性行爲至關重要：許多研究顯示，若班級經營不善，可能白白浪費課堂上多達一半的學習時間。一旦慣性行爲改變，師生都會覺得當下氛圍產生變化。這便帶來更大的信念：改變確實可能。因此，老師便願意嘗試自己可以發揮作用、較花時間的事，譬如提升家長參與度。

現今，教師交流分享會是刻意爲促進自主權而設計，教師藉此聽取良好慣性行爲的案例，但不會得知實際執行方式。他們要與其他二十位左右的與會教師密切合作，並且分辨哪些慣性行爲最適合自己的課堂情境。

這仍然攸關自主權，只是經過旁人引導。有鑑於這些變化，STiR 統計資料顯示，目前合作的二十萬名教師中，超過四分之三的教師會每個月具體又積極地改變教學方式。

「引導式自主權」這項觀念提供了一線希望：享有自主權的同時，不必拋下整個組織看重的優先要務或價值觀：無論是對關鍵產品的關注，或像多元組成之類重要的組織價值觀。此外，這項觀念有助強化前文提到的員工使命感與組織使命感之間的連結。

理查．萊恩還寫到了「自主權支持」的觀念。比如一項研究顯示，只要受到直屬主管的鞏固與支持，員工的自主意識更容易抬頭。[44]假如主管能以身作則，給予充分的信任、回饋和輔導等「三合一」的支持，就能建立員工的信心，鼓勵他們愈來愈自主。由此產生的正向關係——特別是在組織內部不同層級之間——更可以進一步強化使命感；我們在STiR的政府教育體系中，也觀察到同樣的現象。

工作自主權的提升不見得等於瘋狂又拚命地向前衝，而是可以慢慢引導、從旁支持，畢竟個別員工得與整個組織合作，才能打造更深層的自主意識，讓彼此都感到自在。

前文談到了全球各地出現高度專業化與去技術化的趨勢，危及工作上達到眞正的專精度。怎樣才能扭轉這類趨勢呢？

經常有不同產業的組織領導者問我相同的問題：「我底下的員工連基本要求都沒做好了，何苦還投資在更多的培訓呢？」

這潛藏著更深層的問題：「基本要求」沒有滿足，往往是因爲個別員工花費大量時間在沒必要的事上——這些事占用了大量工作時間，卻幾乎無法帶來任何價值。實情是，員工有時並沒有向雇主反應這些是「沒必要的事」。

有項關鍵的改變，所有人都可以立即著手進行：找出工作上妨礙我們追求核心使命的因素，然後加以排除。英國前首相布朗創辦「教育委員會」這個全球機構，我在當中擔任高階指導小組成員，這段經驗可說是相當有趣。指導小組面臨的一大關鍵問題是：我們要怎麼幫助開發中國家的教師眞正專注於教學？在許多當地社區中，教師是教育程度最高的人，因此往往要擔下許多其他任務，包括進行人口普查、疫苗接種與蒐集大量的行政資料。我們需要在學校內外找其他人來完成這些重要工作，才能讓教師騰出更多時間專心教學。想達成這個目標，關鍵就是善用校內不同專長的團隊。㊺這項方法極其重要，有助教師們找回時間和專注力，培養眞正的教學專精度，用來發展核心教學能力，促進深刻又眞實的師生交流。

身為員工的人，理應能向雇主提出這類令人分心的「旁騖」，提醒這對於個人和組織帶來的龐大成本與損失。舉例來說，教師可以提醒校長，每花一小時忙著把資料輸入表格，就等於少了一小時可以認眞備課，或針對可能落後的孩子個別輔導。若情況允許，可以推薦能支援的同事或替代資源，藉此把工作做得更快更好。有沒有更方便的一套軟體，雖然要花費些成本但能省下寶貴的工作時數，一來一往剛好打平？或學校附近是否有家長志工或可兼職的校友能幫助完成這項工作？即使當下沒有「萬用」的解決辦法，單單是讓主管或雇主意識到「不作為的代價」（最後一章會再談這個問題），至少能刺激他們覺察問題，長期致力於促成改變。

有項實用策略就是寫「工作日誌」，給雇主看你過去幾週時間用在何處。我自己第一次寫工作日誌時，大感震驚，首度清楚看到有多少時間被浪費在瑣碎的行政工作上，多半是許多會議的排程來回溝通，而不是運用在眞正重要的領導與管理事務等分內工作。我因此試用全新的行事曆軟體，每週獲得數小時的行政支援來管理工作日誌，加起來每週就有一個整天，可以重新專注在對工作眞正重要的事上。

另一項策略是，一旦我們排除了這些「旁騖」，就應該把時間投資於掌握「專精度」要領，乍看之下是細微末節的差別，但其實對於工作的整體專精度不可或缺。丹尼爾．富蘭克林（Daniel Franklin）是《經濟學人》執行暨外事編輯。做爲雇主，該報社懂得接受一項事實：時間一久，每個人都可以培養不同的興趣和專長。有鑑於此，《經濟學人》刻意讓旗下記者四處輪調。除了需要深度專業的領域（比如科學）是少數例外，《經濟學人》的記者都開拓了各自獨特又有意思的路線。

丹尼爾是《經濟學人》數一數二資深的員工，當初在取得後蘇聯研究的博士學位就加入該團隊，負責報導俄羅斯政策，一待就是三十五年。丹尼爾表示，他當初還是菜鳥時，編輯前輩們對他這名年輕記者非常寬容，讓他有許多犯錯的空間。那時開始，他接手了各式各樣的編輯工作，包括撰寫季報、主編品牌書、關注美國外交政策，現在則是倫敦和華盛頓的辦公室兩頭跑。

丹尼爾認為，真正有助於培養工作「專精度」的一件事，是落實表面上看似非必要的奢侈條件、但實際上是培養出智識與才能的必備要素。舉例來說，《經濟學人》新聞團隊中，每個成員都要參加週一編輯會議。「專門寫生物主題的記者，可能會對一篇中國相關的文章有意見。」丹尼爾說：「這主要是一種創意文化——大多數的人願意來這裡當記者，是因為期待能激發真正了不起的創意。至於是誰想出來的，並不重要。」

但諷刺中的諷刺是，《經濟學人》平時主張競爭和外在誘因的編輯路線（雖然已逐漸軟化），自身工作文化卻感覺是高度協作、重視內在驅動力。「我們個人名字不會刊登在文章中，意思是個人的自尊並不重要——話說這並不適合所有記者，比方說，安德魯．馬爾（Andrew Marr）就離開了，因為他覺得需要替自己打響知名度——但是這也代表我們都會參與其中、幫助處理各種大小事，就連資深編輯也會幫忙校稿。」

我自己是《經濟學人》的忠實讀者，因為在世界上所有出版物中，該報確實別開生面，新聞報導的廣度或編輯觀點的力道都與眾不同。這肯定要歸功於丹尼爾描述的文化。

自我挑戰的機會對專精度的重要性

專精並不等同於競爭。傑克．威爾許因為每年自動開除奇異的員工中「墊底的一〇％」而聞名世界（或可說臭名遠播）。綽號「中子彈傑克」（Neutron Jack）的他，當時獲得企業界的讚賞和仿效。但誰才是最優秀或最差勁的一〇％呢？這本身就是非常主觀的問題。個性、權謀和後盾（你與主管的關係有多密切）都扮演著關鍵的角色。這類做法所造成的純粹壓力、焦慮和拉攏現象卻很少被討論。

職場多元專家賽琳娜．雷茲瓦尼（Selena Rezvani）告訴我，這些殘酷的競爭過程，到頭來讓婦女和弱勢族群受害最深，遭到嚴重歧視。現今，由於千禧世代員工的反彈，他們對此競爭文化極為感冒，因此奇異已經取消了考績評鑑，改為蒐集更多同事回饋（可能是透過app），了解員工的工作專精度，甚至還為員工導入正念培訓課程。[46]

我們在開發基本要素的最棒投資之一，就是給員工足夠時間培養專精度——無論職涯整體或每週工作內容皆然。

數年前，聯合利華一直很疑惑，為何自家企業難以實現眞正的「突破式」創新——即《吃掉八〇％市場的稱霸策略》所提倡的建立全新產品類別。後來，他們研究了如何培養高層主管的「專精度」，進而覺察到原因。主管每兩年輪替一次，因此有龐大誘因讓他們採取短期的行動，譬如漸進的改變或立即見效的產品促銷活動。凡是曾經與印度公務體系或其他新興國家公務體系打過交道的人，都可能有類似的經歷：假如高階公務員可以在同一崗位待上兩年，就算十分幸運了。此後，聯合利華便提升了輪替政策中每個崗位的任職時間（遺憾的是，印度的公務體系並未跟進）。

我有一集Podcast邀請賽琳娜．雷茲瓦尼上節目，她向我強調了「自我挑戰的機會」對於拓展專精度的重要性。舉例來說，也許有個機會能為組織大方向的策略研擬獻計，或前往不同的組織單位接下臨時專案。這些都是重要的額外專案或任務，讓人有機會接觸其他的做事方法與人脈——對於職場上的女性和常被忽視的員工更是如此。根據賽琳娜的經驗，這些專案或任務常常「不成功便成仁」，有助開闢出一條通往「專精度」的康莊大道，進而讓事業就此起飛。

但決定誰有機會進入自我挑戰的過程，通常一點也不透明（升遷也是如此）。賽琳娜談到這些機會要有公開的申請流程，方便組織內部任何人都可以提出申請，但她也認爲那些容易被忽略的員工，特別是弱勢族群和女性，需要在所謂的「自我倡權」方面培養出專精度；簡單來說，他們需要學習如何爲自己發聲和爭取，並向組織領導者協商取得自我挑戰的機會。

在與社群平台領英合作的研究中，賽琳娜獲得一項很有意思的觀點：整體來看，女性比男性更不容易「自我倡權」；但如果是代表別人發聲，女性則更有可能進行倡權。[47]

這就是使命感可以派上用場之處。若我們懂得推銷自己，同時重塑倡權的框架，說明這些機會如何提升對組織和他人的貢獻，那我們向雇主爭取機會時，就不會覺得過於畏懼——對女性來說也比較不會卻步。

賽琳娜表示，針對「黑人的命也是命」抗議活動，美國採取因應措施的企業頂多「十分之三」。她告訴我，鮮少有企業眞正會增加預算來提升內部多元性，更少有企業任命負責多元文化的高階主管直接向執行長報告。她指的是美國企業，但我認為此觀點可以適用許多國家。

賽琳娜認為，首要之務是企業老闆得抱持更開放的態度面對自我倡權的員工，前提是員工要為了整體組織著想。她認為，這會促成更深入的對話，討論如何「形塑工作」，即根據員工獨特的能力、才華，甚至是個人使命感的細微差異，設計或打造一份專屬的工作。她發覺，這才是千禧世代對工作的真正渴望。

辛西亞．漢森（Cynthia Hansen）是藝珂（Adecco）的高階主管；藝珂是全球人事顧問集團，每天為數十萬人媒合工作。她告訴我，組織多元化的未來發展將超越性別和族群多元（儘管這些面向依然重要），走向「認知多元」——不同的思考模式與世界觀——並把不同能力與經驗納入組織的整體人才庫。

在我們每週工作時間內，還有一項重要策略可以提升專精度：二〇％原則，即應該騰出二〇％的時間，拓展更廣泛的專精度。這是Google等企業率先提出的原則，丹尼爾．品克筆下《動機，單純的力量》也有大量說明，任何專業領域都應該予以重視。

露西．克雷韓（Lucy Crehan）在《聰明國度》（*Cleverlands*）[48]一書中，探討

了是什麼使教育強國如此成功，比如經常在全球教育強國排行榜上名列前茅的芬蘭和新加坡。她發現，這些表現亮眼的教育體系給予教師約二〇％的時間共同備課、嘗試全新教法，以及拓展研究興趣的領域。換句話說，就是在他們的本職學能中，發展出更廣泛的專精度。雖然班級規模可能比起原本用一〇〇％的時間授課要大上二〇％，但露西認爲這樣的代價十分值得。

這與我之前的經驗不謀而合。我曾爲英國最具挑戰性的市中心學校的科主任和年級主任，創辦了領導力計畫。當初之所以有此發想，是因爲發現單一學校內部教學品質的差異，是不同學校之間的四倍。㊾ 換句話說，某班教師正把歷史課上得精采萬分時，隔壁班另一位教師也在講同樣內容，效果卻奇差無比。然而，歷史科主任卻不認爲自己有責任介入干預。他們對於領導和（正向地）質疑同事相當不自在。

我們在這些科主任的腦袋中灌輸了各種領導力與管理技巧，經常使用來自業界的最新創意——我們最終打造的計畫「教學領航」（Teaching Leaders，現在稱爲「壯志」〔Ambition〕），有點像替市中心學校設立的歐洲工商管理學院或哈佛商學院。

但有個根本問題：這些科主任通常管理多達八名全職員工，負責掌管數百名學生的教學，但每週只有一個半小時（相當於兩節課）處理所有的管理和領導工作。

你沒聽錯：每週只有兩節課。這應該有助於突顯一項基本的事實：教學或醫學這類複雜的專業不能被簡化爲後勤，或刻板印象中的「一切公式化」，這些專業人士需要有適當的時間和空間來培養專精度。我們忽略了這一教訓，不但自己得承擔後果，更會讓下一代和公民承擔後果。

同樣重要的是，給予充分時間，讓人適當轉換至全新的職務，培養這些職務的專精度。我的兒子都就讀於位在倫敦與艾塞克斯邊界的羅耀拉（Loyola）天主教男校，該校三十多年來都由同一位校長管理。這位校長很懂得鼓舞人心、凡事親力親爲，我猜許多家長（包括我和我太太）當初讓兒子入學就是因爲信任他的管理。

兩年前，這位尼科森先生（Mr Nicholson）宣布打算退休——這個心願完全說得過去，畢竟他早就超過了正式退休年齡。

起初，家長們一陣恐慌。然後學校宣布，董事會已挑選了一位資深教師接任校長一職。這位教師恰好是我兒子當年班導安東尼女士，代表接下來六個月內爲了確保工作交接和就職順利，她大多數時間會不在班上。我和太太不時感到憂心，但現在看來一切都很值得：安東尼女士剛當上校長，工作就立刻得心應手。這是因爲她有足夠時間熟悉並轉換到更辛苦的全新職務。

麥肯錫的研究表明，若領導高層交接成功，那十個團隊中就有九個能達到業績目標。但若領導者交接得不順利，直接下屬的業績比高績效團隊低了一五％。下屬不再參與、甚至離開組織的機率要高出二〇％。[50]

我們經常認爲領導力是與生俱來，無法靠後天努力。但麥肯錫的研究顯示，在領導階層交接過程中付出的時間和心力的品質，實際上可以決定領導者擔任新職務的表現成敗。在主管高層換人五年後，二七％到四六％的交接被認定失敗或令人失望，大部分都源自政治和文化的問題。

安東尼女士來到洛約拉學校擔任校長時，迅速地推動了人事與課程的改革，反映她對學校的願景。其中部分改革影響了校內的老員工，有些人甚至服務了數十年。這也呼應了麥肯錫大規模的研究結果：根據研究，大多數新任領導者都懊悔自己沒早點處理人事與文化的問題。

對於培養出智識與才能的必備要素，雇主可以多想想時間怎麼安排。他們必須提供開放與便利的管道給員工，對女性尤其如此。舉例來說，許多律師事務會邀請客座講者，針對新穎的重要主題向合夥人分享，但這往往是在晚上下班後舉辦，但爲何不在午餐時間或午休過後進行？假如情況允許，何不在晚上孩子們上床睡覺後，線上舉行Zoom會議？

專精度不像水龍頭，我們需要就可以立即打開，反而像是一座水庫，得逐年累積水位，才可以在需要時能可靠又持續地供水。

現在個別員工、勞工與領導者，都應該藉機與組織進行更深入的對話，討論如何拓展工作的專精度。希望本章部分例證能做爲強而有力的理由，說明拓展個人專精度有助組織實現眞正的使命。

不要害怕展開這類對話，只要心懷尊重地進行。假如領導者或主管不願意參與，那拒絕本身也許就能提供你有助益的訊息。這最終會帶整個組織前往何處？對於重燃工作內在驅動力，我們有何收穫？

在更深入討論成功與人才之前、在探討如何打造理想世界，讓每個人都有機會成功、所有人才都能得到個別與整體培育之前，我們先簡單回顧在工作的世界有何發現。

工作的使命感最爲重要。記得本章開頭引述華頓商學院教授亞當．格蘭特的那句話嗎？這位現代心理學新生代的重要思想家表示：「職涯的成就往往不在於找到問題的正確答案，而是找到正確的問題。」[51]

身為一名員工或勞工，找對問題來想辦法解決，就離內在工作驅動力不遠了。這個「正確」的問題可說萬無一失，因為問題清楚展現工作本身如何幫助並服務他人。可以的話，運用簡單又動人的方式來表達個人目標。

深入思考這個問題後，你可能會發現自身的工作可以有所貢獻。但假如這是棘手的問題，也沒有簡單或明顯的技術解決方案，你不僅會深入思考，還會花費多年心思投入研擬解決方案，具體貢獻也可能隨時間改變（比如身分從員工變成顧問）。而且你更有可能在周遭找到自己的「圈子」，這些同事會從旁支持、維持驅動力。若你想開始解決另一個問題，先前的成功還會為你帶來公信力、經驗與人脈。但這一切都從找對問題開始。

擁抱源自內在驅動力的工作

隨著未來工作模式將更加趨向居家辦公的「混合」形態，光鮮亮麗的辦公空間和優渥的員工福利可能會迅速變得不太重要。這也許並不是壞事，畢竟這些保健因素已有損工作的眞實感。以下是對使命感的終極考驗：你是否能在自家臥室直接連線Zoom表達個人使命（即使穿睡衣也面不改色）。

薪資當然重要，但務必記得這只是保健因素。身爲員工，一定要設法找到或精心打造可以最大化自身使命感、自主權和專精度的工作，同時考量自己所需要又認定合理的薪資。長遠來看，這必定會有助培養更加多元的能力。而且說來諷刺，久而久之，這絕對會帶來更大幅度的薪資成長。

身爲員工要記住的是，業績目標、管理控制措施和「誘因」等他人口中所謂「組織最佳實務」的事物，其實會掩蓋、淡化工作的使命感，而非鞏固使命感。我們不應該害怕告訴雇主，把員工當成小寶寶哄騙、或當成巴夫洛夫的狗制約，實在令人備感氣餒、羞辱又適得其反。在新冠肺炎疫情期間，我們多半享受遠距工作，並不是因爲可以在家工作的緣故（你每天早上開了幾次冰箱啊？），而是因爲我們頭一次感覺到可以按照個人喜好和個性來安排工作。現今，我們不妨進一步採取行動，按職場專家賽琳娜的建議來形塑工作，以最能實現工作核心使命的方法管理個人職務。畢竟又有誰會比我們自己更了解這件事呢？

假如其他次要任務和旁騖占用了我們培養核心專業的時間，也不要害怕告訴雇主——別忘了那些可憐教師每週花個把小時把資料輸入Excel，沒時間陶冶下一代的心智和想像力。最後，我們不要害怕提醒雇主，智識與才能的必備要素有多重要，這代表要確保所有員工都有自我挑戰的機會，即拓展其他領域的機會，促進成長與學習。

員工不必苦苦等待雇主自行領悟（他們若能領悟當然最好）。套句賽琳娜的話，自己就可以採取行動來自我倡權，向雇主要求決策過程公開透明——起初可能會感到彆扭，但這也會幫助組織內較沒自信或不善言辭的其他同事，也不要害怕向雇主指出這方面的問題。

別忘了，我們身爲員工，只要不是爲了狹隘的自利，而是爲了想與雇主合作，打造出振奮人心又有使命感的工作，那執行起來就容易多了，而且對勞資雙方都有好處。最重要的是，對於我們工作最後要幫助與服務的人來說，這會是改頭換面的創舉。

身爲注重內在驅動力的雇主，責任應該是要讓員工心繫「正確的問題」，安排的工作要持續關注該問題的意義，而非分散注意力。

雇主能力範圍的最大貢獻是，不對薪資討價還價：敘薪從優、公平和透明，替不同職務訂定明確薪資政策和級別，但完全消弭個人談判的空間。我對於STiR的薪資政策深感自豪；組織中每個職務與級別都有完全透明的固定薪資，無論新進員工的背景或過去薪資如何都不會改變。這確實促進了性別平等：一項項研究都表明，男性在談判薪資時往往比女性來得積極許多。

雇主也不應該害怕提升員工的自主權，因為這樣員工會感覺充分獲得授權，從事自己真正有能力做的工作。別忘了，自主權不一定代表失序狀態，而是可以慢慢引導。「形塑工作」等策略對千禧世代特別有用，因為他們希望有更多自主權來界定個人職務，而不是被強塞「千篇一律」的工作內容。

雇主汰換傳統福利時，最好多讓員工有時間與空間，拓展不同領域的專精度。若設法塞滿員工全部時間，反而害他們缺乏使命感或失去影響工作甚鉅的人脈，那就失去任何意義了。雖然投資於技術面的能力（也就是一切工作的基礎）是第一步，但投資於專精度所需的基本要素同樣關鍵，而且可以促成很大的改變。可能的話，就把必備要素的學習當成一場全組織參與、具人際互動又好玩的體驗。

美妙的是，就算不是上市公司、沒有大筆創投資金，也可以成為注重內在驅動力的優質雇主。沒錯，打造培養內在驅動力的職場確實需要努力、專注力和領導力。但目前我們所提到重燃工作內在驅動力的策略，鮮少需要高昂的成本，到頭來反而還可能替組織省錢。

整體來說，我們已明白重燃工作內在驅動力至關重要，原因有三：

首先，若我們不重燃驅動力，組織就不會培養左右未來成功的能力——景氣萎靡不振時尤其如此。

第二，工作是實現人生使命感的主要途徑，也是我們幫助與服務他人的關鍵。

第三，若社會大眾不修正當前工作方式，便可能錯過可能的大突破：想想看，假如拉文德拉．古普塔博士沒有個人使命感、自主權和專精度，他後來就不會對全球愛滋病解藥有所貢獻。

正如我們在第一章所見，全球八五%的員工不是缺乏參與感，就是刻意對工作保持冷漠，導致全球經濟每年損失七兆美元的生產力。但我們應該嚇得發抖的不是財務成本，而是白白葬送了人類的潛力，浪費每個人一生中平均九萬小時的工作時間[52]——這些時間本可以用於實現使命感、自主權和專精度。

正如我在eBay的前老闆道格．麥卡勒姆（Doug McCallum）所說，工作理應是一場冒險，過程曲曲折折，留給我們在職涯中慢慢摸索。

希望本章已清楚顯示，工作並非需要平衡或削減，而是幫助與服務自己、他人的主要方式——因此也是我們用來體驗人生的一大關鍵。我們要擁抱源自內在驅動力的工作，這是活出精采人生不可或缺的基石。

第三章

成功與內在驅動力：從少數菁英到人才輩出

人家都說才華創造機會；
但有時看來，強烈的渴望不僅創造機會，更能催生才華。

——艾瑞克・賀佛爾（Eric Hoffer）❶
美國社會哲學家

「他不會從人生退役。」

日本快時尚龍頭優衣庫天才創意總監約翰・傑伊（John Jay），據稱花費三億美元與瑞士網球名將羅傑・費德勒（Roger Federer）簽訂爲期十年的代言合約，上面這句話是他提出的理由。

嗯，與其說是理由，不如說是辯駁。沒有人能質疑這個決定。費德勒當時是球評和球迷公認的網球「GOAT」（史上最偉大球員）。簽約當下，他打破過去紀錄，累積了二十個大滿貫冠軍。

當時的爭議其實都是針對簽約的時間點。費德勒簽約當下已三十多歲，根據部分球評說法，他絕對是處於個人生涯的顚峰，未來只能再打數年網球。當時《富比士》報導，優衣庫這紙合約讓費德勒成爲全世界收入最高的運動員，超越籃球界的「詹皇」勒布朗・詹姆斯（LeBron James）和足球界的克里斯蒂亞諾・羅納度（Cristiano Ronaldo）等世界好手。❷

費德勒與優衣庫合作的檯面下，還有著令人意想不到的轉折。在爭取費德勒青睞的過程中，優衣庫中止了與當時世界排名第一的塞爾維亞人諾瓦克・喬科維奇（Novak Djokovic）的合約。喬科維奇比費德勒年輕五歲，而且緊追費德勒的大滿貫紀錄。更要緊的是，兩人那陣子交手都是喬科維奇獲勝，其中不少都是極其刺激的經典賽事，但也包括一兩場相對較爲一面倒的挫敗，而且幾乎都是喬科維奇重挫費德勒。

人生很殘酷，也很不公平。這之前數年，喬科維奇爲了個人奪牌計畫，採取了無麩質飲食，戒掉一切酒精飲料。相較之下，費德勒的體格身體素質也幾乎不遜色，但同時他也會在 Instagram 上發布自己大啖印度大小饢餅的合照，毫無顧忌地宣稱愛吃冰淇淋、巧克力和瑞克雷乳酪。二〇一七年，他第八度贏得溫布頓冠軍的隔天早上，就在記者會坦承自己嚴重宿醉。

然而，他卻能姿態優雅地在球場上奔馳，鼓舞全球數億觀眾重新愛上網球。我也是網球迷，觀賞過兩人二〇一五年在紐約的美國網球公開賽決賽，喬科維奇鏖戰四盤後勝出，整場氣氛更像阿根廷博卡青年隊（Argentinian Boca Juniors）足球賽，而不是一般人印象中文質彬彬的網球。全場觀眾替誰加油再清楚不過了。但網球一再迫使選手打破身心耐力的極限，喬科維奇甚至學會如何在腦海裡把人群的「羅傑」呼聲想成自己的名字。❸

這對宿敵再加上拉斐爾．納達爾（Rafael Nadal），共同稱霸男子網壇，累積了五十七個大滿貫冠軍（撰寫本文時的統計數字）。過去十五年來，幾乎每個大滿貫冠軍都是由這組「神聖的三位一體」其中一人奪得。

網球這個風靡全球的個人運動，已成爲意想不到的指標，預告了全球界定成功與才華的新規則。因爲如今從工作、創業、音樂到新聞，每個領域的成功只屬於少數人，而不是多數人。

本章中，我們運用驅動力思維來分析背後原因，思考如何實現共同培育人才的世界，好讓人人都有機會成就自己。我們可以堅持抵抗、把理想化爲現實。本章會探討具體的方法。

贏家全拿的現象

在網球界，許多國家的網球協會已建立了繁複到令人咋舌的「人才管理」體系，其中包括英國草地網球協會，由溫布頓的鉅額收益做爲基金。這些體系在俱樂部、郡、區域與國家層級挑選優異網球人才，而且極度受到看重。我兒子伊山今年九歲，許多與他同齡的球員每年參賽的數量，甚至超越費德勒和喬科維奇相加，只為了衝高得來不易的青少年排名積分。

這類想法背後都有基本的預設，我稱為「稀缺心態」，因為一般邏輯是只有少數人能名列前茅。而所謂「選手經理人」，無論是地方俱樂部教練、區域星探或國家菁英經理人等，他們的工作是要運用公平機制篩選出最具「天賦」（即夠格）的選手。

若把相同邏輯一路延用到職業水準，就某些方面來說確實有其道理。有鑑於現今有許多娛樂可供選擇，包括參與現場音樂表演、在Netflix追劇等，大多數人僅會關注少數職業網球選手。兩位經濟學家愛德華．拉澤爾（Edward Lazear）和薛文．羅森（Sherwin Rosen）便提出精心架構的「錦標賽理論」來說明這類現象。[4]這個理論的要點如下：費德勒這類頂尖選手得到的矚目，遠遠超越第二名的選手，儘管就客觀來說兩位球員的實際表現差別極小。我首次帶嫂子艾拉去看溫布頓網球賽時，便深深體會到這點了。她不算太熱衷於網球，我只好用手指出排名前十的選手——就實際球技來說，她根本無法分辨這些球員的差別。

整個制度的問題是：更助長了普遍存在的「贏家全拿」現象，而且影響遠遠超出了網球比賽的範疇。費德勒可以獲得三億美元的合約，但網球經濟學家（你沒聽錯，真的有這個類型的經濟學家）發現，球員若沒進入世界前一百五十名男子單打排行榜，維持生計的機會就有限。女子網球選手如今也面臨類似的經濟現實。

不論性別爲何，都得正視殘酷無情的數字：舉例來說，光是支付差旅與教練費用，每週就可能超過一千美元。現今大約有一千八百名男性職業網球選手，以及數萬名稱不上職業選手的球員。費德勒可以賺進數億美元，但排名第一百七十位的選手，擊球能力幾乎毫不遜色，卻很難在職業巡迴賽中生存。

網球這項風靡全球的個人運動，特別容易出現「贏家全拿」的現象。正如現今許多領域一樣，網球賽事大部分的獎勵都集中於少數人手上。然而，特定運動決定本身的結構與獎勵的方式，旁人肯定無權置喙，對吧？

嗯，不盡然如此。

問題是，運動已成爲我們人生的心智模型——也就是我們觀看世界的方式。我們愈來愈把世界看成大型錦標賽。「贏家全拿」的心態與伴隨而來的焦慮，已深入滲透到我們的人生觀。美國前總統歐巴馬參訪賓州一所學校時，對孩子們說：「各個國家正在與我們進行史上最激烈的競爭，中國北京、印度班加羅爾等世界各地的學生都比以往更加拚命、表現也比以往更加優秀，你們的學業成就不只是決定了個人成就，也會決定美國在二十一世紀的成就。」[5]

大部分的人對於「贏家全拿」的經濟體並不自在，也許連最大「贏家」本身也不例外。美國另一位前總統柯林頓經常提到，他卸任總統後，多半的時間都在充當巨富和窮人之間的翻譯與調解人。但實際上，人生不必是一場錦標賽，而且許多理由都足以支持這個很棒的觀念。

就以高等教育爲例。我們的一流大學——劍橋、哈佛或印度理工學院等學術機構——愈來愈以學術篩選嚴謹度來推銷自家品牌。商業思想家史考特·蓋洛威（Scott Galloway）甚至把這些大學稱爲教育界的「名牌包」[6]——我們正是因爲名牌包有專屬感而覬覦其象徵的地位。正如經濟學家所言，教育已成爲一項地位財：教育之所以產生價值，正是因爲其賦予我們在權勢等級上，能勝過其他人的優勢。

大衛·戴明（David Deming）是哈佛大學經濟學家，也是研究高等教育和收入之間相關性的主要學者。他的研究清楚顯示出：美國（與許多其他國家）成長最快的工作需要更高階的能力，特別是最高階的社交與認知能力，具體的技術能力當然也屬必備。[7]因此，對我們的經濟和社會來說，確實應該多多支持年輕人接受高等教育；不過當然，高等教育本身也得實用又深具意義。

凡是自重的經濟學家都會告訴你，教育不應該是「零和遊戲」——我接受了良好教育，不代表就得犧牲別人的教育。確實如此，經濟學家保羅．羅莫（Paul Romer）之所以獲得諾貝爾獎，正是因爲他證明一國受教育人口愈多，爲全體人口創造的正向「外溢」效應就愈大，整個社會也就更加富裕。

我們不妨把教育篩選嚴謹度當做「保健因素」。沒錯，我們需要有一定程度的挑選，確保受教育或支持的人已做好準備，也能眞正從中受惠。然而，篩選嚴謹度不該成爲根本的驅動力。

伯樂與經理人的差異

我母校就是劍橋大學，那段時光至今仍覺得不可思議，我非常幸運能從中獲益，學到許多人生智慧，各式各樣的經驗與觀念也滋養了我。但回首過去，當初入學篩選的嚴謹度竟成學生身分、甚至自我認同的核心，這令我心生不安。劍橋大學校長在開學致詞時歡迎新生，把我們當成「這個國家的知識菁英」。諷刺的是，在這場開學典禮之前的三年，我從來不是別人眼中的「菁英」，也不可能成爲頂尖的學生。

那場開學致詞的三年前，我剛從沙烏地阿拉伯回到英國。我父母原本在沙國衛生服務部門擔任醫師，因此我在沙國度過七年的冒險時光。隨著海珊入侵科威特，我父母擔心這可能會打亂我們的生活，尤其是影響到我最後數年的中學生涯，於是決定離開中東。

可想而知，搬回英國隨之而來的是各種衝擊：天氣、文化、朋友與學術制度。而且老實說，我讀得十分辛苦，但幸好布倫特伍德中學（Brentwood School）有位英文老師伸出援手，而且在我身上發現了別人沒看到的特質。他本身是劍橋大學校友。但我當時覺得自己不是屬於劍橋大學的「類型」，也認爲自己不夠優秀。

他沒有因此氣餒，還開車載我到劍橋大學，耐心地在大學招生辦公室外頭，等我把申請事宜詢問完。如此固執的行爲與後來各種細微的體貼舉止，改變了我的人生。這位老師名叫保羅．亨德森（Paul Henderson），他本質上就是所有老師的理想型：孕育人才的伯樂。

我的個人經歷還有兩個頗有意思的轉折。保羅・亨德森老師親自帶我到劍橋，儘管當時我已離開了他任教的學校。他在我準備英國中等教育會考（GCSE）期間的栽培與鼓勵，賦予我足夠的信心申請奇威爾中學（Chigwell School）A級課程的獎學金，後來也申請成功。我就讀後，學業成績突飛猛進。雖然他本來希望我主修英國文學，但最後仍支持我攻讀經濟學的決定。

我這位恩師眞的可說是伯樂。當今世上各行各業中都有孕育人才的伯樂，也有管理人才的經理人，他們可能是教練、家教、版權經紀人、基金會經理人和創投資本家。「伯樂」和「經理人」的共同之處在於他們的成功，反映了合作「人才」的成就，而人才可能是學生、運動員、作家、非營利組織或新創公司。然而，我發現兩者的內在驅動力存在四大關鍵差異——這四大差異就足以區分出一個人是眞正的伯樂，還是單純的經理人。我們需要更多慧眼獨具的伯樂，以避免世界上充斥「贏家全拿」的現象。

第一，伯樂以不同的眼光看待自身的使命感。他們抱持著「豐盛」的心態，而不是「稀缺」的心態，也不把人生視爲只有冠亞軍的錦標賽。簡單來說，他們認爲才華不必事先經過分配。

「菁英體制」根本是既薄弱又懶惰的藉口，造成每個人難以發揮自身才華。

耶魯大學法學院教授丹尼爾·馬科維茨（Daniel Markovits）在《菁英體制的陷阱》這本筆鋒犀利的書中，逐一拆解了菁英體制迷思的關鍵因素。[8]舉例來說，他表示企業界的「菁英勞工」在自己和他人之間隔出巨大鴻溝，「掏空」（借用原作者的話）中產階級，譬如在Uber這類科技公司中，少數菁英和主管負責整個組織的營運、創造核心的技術，而絕大多數「員工」（Uber經常反駁這個用詞）都是毫無福利可言的司機。哈佛大學哲學教授麥可·桑德爾在《成功的反思》這本精采的著作中，也提出類似的評論，包括拐彎罵歐巴馬只挑少數菁英大學畢業生擔任總統高級幕僚與白宮職員[9]（我也知道這說來諷刺，畢竟上述針對菁英體制的尖銳論述，都是出自哈佛和耶魯教授之口）。

「贏家全拿」的觀念造就了麥爾坎·葛拉威爾所謂的「累積優勢」——最優秀（與最富裕）的「人才」得到最厲害的老師或教練指導，到頭來也更加優秀（和更加富有）。舉例來說，美國前一%富豪加起來的財富，超越後五〇%加起來的資產。這實在太驚人了。哈佛大學研究機構「機會洞察」（Opportunity Insights）最近一項分析顯示，在三十九所美國大學內（包括耶魯大學和普林斯頓大學等常春藤名校），家庭所得屬前一%的學生人數，超越了家庭所得屬後六〇%的學生人數。[10]我們看到的貧富不均問題，幾乎完全反映在教育不平等上，而這似乎永遠都難以改變。更簡單地說，說不定追求虛無飄渺菁英體制的過程，打從一開始就沒選出菁英。

第一章提到卡蘿．杜維克把「成長心態」定義為：人才（比如學生）明白自身的能力會隨時間得到發揮與成長。[11]我對「豐盛心態」的定義則更進一步，即看見每個人的才華與潛力。

「贏家全拿」的觀念一定會嚇壞美國哲學家約翰．羅爾斯（John Rawls）。羅爾斯以前提倡現今相當知名的假想實驗：想像你漂浮在全世界上空，並發覺進入孕育自己的子宮完全得靠運氣。在這個情況下，你希望世界是什麼樣子？

羅爾斯指出，問題的答案是確保最不幸的人盡量活得有品質，因為說不定你就是那個最不幸的人。羅爾斯的思考觸動了許多外表冷漠的人，包括傳奇的主動投資人比爾．艾克曼（Bill Ackman），他過去曾透過基金會贊助STiR的工作。

第二，真正懂得孕育人才的伯樂明白，人才本身的成功無法輕易預測。他們曉得人才養成的過程充滿坎坷與崎嶇，而不是一條直線。在克里斯．鮑爾斯（Chris Bowers）富有洞見的傳記中，可以從字裡行間看出，青少年時期的費德勒在別人眼中不可能是史上最偉大球員的「絕對贏家」。[12]他動不動就摔球拍、輸掉不該輸的比賽、換了好多位教練而且愛發脾氣。鮑爾斯指出，當時許多網球觀察家認爲，費德勒太過自以爲是又陰晴不定。

然而，費德勒身上有項特質，潛藏於個人的使命感、自主權和專精度中，促使別人在他身上押注。當這個賭注押對了，便會有收穫。費德勒樹立的榜樣，加上他掀起的網球復興，促使這項運動在全球各地蓬勃發展。二〇一一年，美國公開賽總獎金爲兩千三百七十萬美元；二〇一九年，總獎金來到五千七百二十萬美元。費德勒對網球的內在態度，尤其是對球賽深切熱愛、尊重歷史與傳統，一切都以無與倫比的美感和優雅出發，大幅促進了全球網球人才如雨後春筍出現。諷刺的是，正如先前所見，這樣的現象如今卻需要外部的「管理」。

第三，伯樂的專精度在於幫助人才建立全新的視野、關係與人脈，而不僅僅是傳授技術技巧和專業。

卡米拉·佩雷拉（Camila Pereira）是巴西最大教育基金會萊曼基金會（Lemann Foundation）的董事，這家基金會的總部位於聖保羅。她告訴我，新冠肺炎疫情造成學校停課的期間，巴西政府展現了十足的魄力，運用電視向全國孩子持續放送教學。巴西是幅員廣大的國家，電視上許多教師都是該學科的佼佼者。問題是，孩子們往往參與意願低落，因爲情感上無法跟電視裡的老師產生共鳴，許多孩子抱怨那不是「自己的」老師。不論是信任或關係都沒建立好。正如上一章所探討，教學遠遠不僅是提供專業知識內容的機制而已。

創新型創投基金「史畢羅風險公司」（Spero Ventures）創辦人希利普利亞．馬亥許（Shripriya Mahesh）認爲，創投資本家或董事會成員等一流伯樂，往往把重點放在提出對的問題供其資助的創業家思考，而不是設法提供所有的答案。他們按照其他合作經驗看出共同模式，也就是懂得在對的時間問對的問題。她也表示，他們還可以抽換情境的框架，幫助人才從全新角度看待現實與自己的選擇。⓭

第四點也是最重要的一點：伯樂把自己培養的人才帶到原本不會去的地方。我的恩師保羅．亨德森眞的就是如此；正如前文所提，他開車載我去劍橋，就此改變我的人生。

《經濟學人》最近引用了西北大學學者馬一芳、薩提姆．穆克吉（Satyam Mukherjee）和布萊恩．烏茲（Brian Uzzi）合著的一篇論文，說明學術界的這項特點。⓮根據一項嚴格設計且納入對照組的研究，研究人員發現，未來諾貝爾獎得主門生的獲獎機率，比才能相等的同行高出三倍以上，發表的研究本身也會獲得更高評價。這並不是因為研究人員的天賦不同，作者強調其中差異在於同門師傅的指導，包括協助門生丟出最有潛力的想法、梳理龐雜結果以去蕪存菁、建議與其他研究人員合作或協力等。正如該篇文章所指出，這些孕育人才的細節個別看來可能了無新意，但整體來說就會產生深遠的影響。

問題是，如今人才培育更加難以實現。我和太太阿伊達經常聊到彼此各自注定要演出的「人生劇本」。我的劇本原來是要成為醫生並與南印度的女孩結婚，她的劇本則是要嫁到拉巴特（Rabat）或卡薩布蘭卡（Casablanca）某個摩洛哥望族。但巴黎一場派對上的偶遇，改變了我們倆的人生劇本——對此我終身感激（儘管歷經婚姻某些階段時，我太太可能沒有那麼肯定）。

我們兩個人都很幸運，能改寫自己的人生劇本，但世界上許多人卻好像少了這種運氣。烏干達和新加坡都有殘酷的小學畢業考，兩國的家長提到他們共同的擔憂：孩子的人生劇本（至少在教育、工作與收入方面）太早就被決定了，這類考試把年紀輕輕的孩子「分發」到不同學校。⑮

現今，我們的人生劇本可不是在十一或十二歲才寫好，而是在出生時就寫好了。我們先前談到了麥爾坎．葛拉威爾所謂「累積優勢」的概念。因此當然，畢業考準備最充分的孩子通常是出身最爲富裕，可以按照所住地區進入最棒的小學——即使相對算是「任人唯才」的新加坡也是如此。

黑人、弱勢族群與許多藍領白人，不論男女往往都是被人刻板定型，無法寫出自己的人生劇本，才華完全遭到忽視，更甭說好好栽培了。其中太多人感到遭人才金字塔排除在之外。所謂的「菁英體制」太容易被拿來證明爲何少數人（而不是多數人）才有資格培養才華、發揮潛力。

問題在於，當代世界太過關注外在獎勵，因此出現了成千上萬的人才經理人，但眞正的伯樂卻寥寥無幾。實際上，伯樂在社會上愈來愈罕見了。

我們會在本章探討許多人的內在驅動力、成功和才華遭到損害的原因與過程，而不是關注少數受惠的「贏家」。

「適者生存」的想法確實扭曲了我們對培養自己和他人才能的目的，同時反映了對於演化論的深刻誤解，尤其是達爾文那本影響深遠的著作《物種源始》[16]——它已被當成解釋當代社會運作的心智模型。海瑟．史高維爾（Heather Scoville）在ThoughtCo網站上發表了一篇論述精采的文章，指出達爾文的「適者生存」一詞被錯誤解讀爲：具有最佳體魄的人類因爲最佳體態與健康狀態，才會在自然界存活下來。但她主張，達爾文所謂的「適者生存」，其實是指在天擇的基礎上，最能適應當下環境的物種個體。[17]

《新科學人》（*New Scientist*）期刊撰稿人麥可・勒佩奇（Michael Le Page）則以史高維爾的論點爲基礎，主張「適者」不見得代表最強壯，而是可以解讀成僞裝得最厲害、繁殖力最強、腦筋動最快或侵略性最高等等。[18]

若正確解讀達爾文的天擇理論，其實就會明白物種之間必定有變異，而且正如達爾文所言，這些變異「可以遺傳」。勒佩奇表示：「適者生存一詞本身說不通。」他繼續指出，合作是非常明智的生物策略，譬如當特定細胞不受控時（自私自利、好強出頭），結果往往是罹患癌症。

兩大關鍵在於多元與合作。瑪格麗特・赫弗南（Margaret Heffernan）筆下的《未來的競爭力不是競爭》挑釁意味濃厚，她在書中提出了同樣的論點，主張競爭伴隨許多隱性與顯性的副作用，其中一個極端的例子便是奧林匹克運動會，她提到，對許多選手與部分國家而言，「貪汙、掩飾、服用禁藥」都是常態。[19]

我們正在打造愈來愈精密但僵化重複的人才制度，永遠跳脫不出排名、入學考、選拔日、學力測驗。這類枯燥乏味的制度其實並非眞的管用。是啊，我們現在有男子網球選手能以破二二五公里的時速發球，而女子選手也能以破一九三公里的時速發球，但那又怎樣呢？網球俱樂部球員和職業選手的地位天差地遠，導致業餘與職業運動之間已沒有任何灰色地帶。

人才培育的目的蕩然無存，罪魁禍首就是「適者生存」與競爭這類錯誤的心智模型。社會大眾甚至認爲，自己在這場人才競爭遊戲中，只能「管理」僵化的人才制度，唯一的責任是確保該制度的標準嚴格又符合公平。

這導致了人才多元性降低——人才想要適應僵化的制度，最輕鬆的辦法就是按照經理人心目中的方式做事。這也造成人才的使命感大幅弱化。若他們非得像其他人一樣，完成相同的標準化流程，那培養個人才華又有何意義呢？這對所有人來說，都是雙輸的局面。

以作育英才爲己任的伯樂被迫面對標準化的制度，代表他們開始失去個人的影響力和使命感。同樣的，「人才」本身在這個「贏家全拿」的零和遊戲中，也被困在同樣艱苦的競技場上，逐漸失去個人的獨特感、熱情與使命感。

蘇格蘭體育理事會（Sportscotland）主席梅爾·楊（Mel Young）向我表示，

這項令人憂心的趨勢帶來了嚴重的後果。長年以來，事業榮耀與獎牌數量一直是促使國家體育協會前進的動力。他指出，過去兩屆奧運閉幕後，報紙頭條新聞都洋洋得意，宣稱英國是「世界上最強的運動大國」（相對於國土面積來說）。但他告訴我，體育界對於運動目的究竟爲何，愈來愈感到無所適從。他認爲，必須重新關注「全民運動」。進一步來說，是要利用運動來解鎖更大的潛能、發展和才華，甚至日常生活中的健康。

梅爾是這方面的典型代表：他之前創辦了「無家者世界盃」，讓世界各地的無家者參與足球運動——這都是爲了讓街友的才華獲到正面關注，希望有助終結無家可歸的窘境。

正如人才培育的使命感已然喪失，伯樂的自主權也正一點一滴在瓦解。

委託—代理人理論的問題

三十年前，經濟學家麥可．詹森（Michael Jensen）和威廉．麥克林（William

Meckling）提出一項理論，兩人因此名聲大噪，紅遍美國企業界（最終席捲全球企業界），各大公司莫不照單全收，[20]因爲這有可能讓全球企業龍頭執行長和高階主管一夕之間財產暴增。這項理論稱作「委託—代理人理論」（principal-agent theory）。其中概念是指企業委託人（或所有人）想賺錢，但不想親自參與企業實際營運，因而任命了代理人（經理人）代爲營運。

我們立即遇到經濟學家所謂的資訊不對稱問題——經理人或代理人高度參與企業營運之下，勢必會比委託人知道得多太多。假如身爲企業所有人，我希望經理人採取對我最有利的行動，那經理人的激勵措施就要與我的一致（沒錯，委託—代理理論都以激勵這個外在驅動力爲基礎）。

這項理論問世以來，企業界一直爲了「校準激勵措施」擬定更詳細的計畫，從現金紅利、認股選擇權、股權到長期激勵計畫等，都是基於相同的外在驅動力理念：魚幫水、水幫魚。公司賺取的利潤愈多，執行長與他底下的（可惜幾乎都有裙帶關係）主管的薪水就愈豐厚。

現今，該理論的成功與普及，可以從其副作用窺知——特別是這大幅助長了所得不均的現象。不過在二十年前，大企業執行長和基層員工之間的薪資差距通常是二〇：一，但如今已拉大到三〇〇：一了。[21]換句話說，大企業執行長單日收入幾乎等於組織內基層員工的全年所得。

其他許多機構中，即使是慈善基金會，也都有類似的現象。慈善基金會經理人必須展現個人能力，首先得給人一切在掌控中的印象。經理人的承諾是：若你信任我的管理能力，我就會確保你得到成果。成果可能是組織產生價值、發揮影響力——創投或慈善事業便是如此；英國安迪．莫瑞（Andy Murray）爵士則是得到一座溫網冠軍。

詹森和麥克林也坦承，這套制度繁瑣又高成本，但至少看起來有效，對吧？

並不盡然。

委託－代理人理論導致了一個基本問題：徹底的權力失衡。慈善事業比其他產業更能體現這一點。慈善事業最初用意是把私人財富導入研發工廠，以解決世界上最迫切的社會問題（傳統慈善事業則是緩解社會問題的表徵）。我在這個制度中打滾了十三年，卻愈來愈不相信這件事了——而且許多人也有類似想法。

阿南德．葛德哈拉德斯（Anand Giridharadas）所著的《贏家全拿：史上最划算的交易，以慈善奪取世界的假面菁英》發人深省，踢爆慈善界普遍存在的思維模式。[22]葛德哈拉德斯直言，慈善財富往往讓人覺得是想把複雜的社會問題簡化為「麥肯錫風格」的投影片簡報。記得上一章提到的《跨能致勝》作者大衛・艾波斯坦嗎？他提到問題分成容易和棘手兩種。世上幾乎所有重要社會問題都是棘手的問題。但大部分慈善家卻表現得好像實情並非如此。

我在孟買班德拉一個地下室酒吧見到了三二一教育基金會背後那位激勵人心的創辦人格拉夫・辛格（Gaurav Singh）。該基金會與學校合作，提供教師培訓與相關協助，其中特別支援印度三個城市的低廉私立學校——家長每個月只要支付數英鎊的學費。

格拉夫的故事著實打動人心。儘管在印度理工學院入學考預測排名優異，他卻決定不參加考試，令父母大感詫異。（印度理工學院錄取率平均為二%，需要多年練習與準備才能應付高難度的入學考。相較之下，錄取劍橋或哈佛等大學看起來簡單許多。）

拉賈斯坦邦（Rajasthan）臭名昭著的「科塔市自殺潮」（Kota suicides）期間，一名獲得印度理工學院錄取的女孩，因為受不了父母逼迫她就讀而自殺了——這顯見家庭為了讓孩子就讀該校，施加了龐大的壓力。[23]幸好，格拉夫的父母面對孩子拒絕考試，反應至少比較平衡一點。

格拉夫先完成了「爲印度而教」的工作——這是相當於英國「教學優先」或美國的「爲美國而教」的印度版本，把應屆畢業生安排在弱勢學校進行爲期兩年的教學工作，提供領導力培訓與教學輔導——然後便開始推動三二一基金會，他的教育理念是提升教育水準。我在印度教育圈認識的人當中，他最有想法，而且與我們所見略同，發覺透過印度基金會和企業籌款有時太過痛苦。就格拉夫看來，問題在於基金會最終把自己「做出區隔」（有些著重於讀寫與算術能力，而有的是關注自信等「二十一世紀能力」），設法把棘手又複雜的問題切割成看似「可應付」的小小部分，好募得資金來推廣理念。

雖然專注深入單一主題確實有好處，但這樣劃分的問題在於，教育本來就是複雜又棘手的過程：每個「區塊」都環環相扣，只有當所有區塊同心協力時，孩子才能從教育中完整受惠。舉例來說，我造訪印尼東爪哇的學校，實在大開眼界。在印尼大部分地區（不同於印度）中，大多數孩子都會讀書、寫字和算術（畢竟印尼語相對來說較容易學會）。然而，他們無法理解或思辨所讀的內容，平時又缺乏閱讀的習慣。他們有很好的讀寫能力（這已算是符合慈善家的標準），但由於缺乏思辨能力，導致識字的功效大打折扣。我等於親眼目睹教育「區隔化」造成的危險。

二〇一五年前，國際社會把「千禧年發展目標」奉為圭臬——也就是各國期待自己應該達成的目標。各國政府與國際教育贊助單位之間有項明確的共識：關注受教機會，這樣行動才感覺具體。影響教育品質的其他因素牽涉與教師、當地政治團體合作，不過贊助單位對於影響這些團體缺乏信心。

何以如此？的確，大部分國家「成功」達成擴大受教機會的目標。但整體來說，這類勝利徒具形式。數億名兒童現在可以上學，許多國家就學率高達九八%——這些都是了不起的成就。

但根據世界銀行《二〇一八年世界發展報告》指出，這也導致了學校無法提供大多數孩子有意義的學習。[24]由於各國為了達成千禧年發展目標中受教機會與就學率的門檻，面臨壓力，因此政府在蓋學校和招生的同時，心態是「我們以後再考慮學習和品質的面向」。問題是，這個「以後」就此沒了下文。

這並非純屬開發中國家內鮮為人知的特殊問題，各地教育體系都面臨類似的問題。日本教育向來以嚴謹聞名於世，也經常在國際評量中獲得高分，比如「國際學生能力評量計畫」（PISA）。然而，日本政府近來宣布，學生曠課率創下史上新高：根據官方統計，超過十六萬名學生曠課三十天以上。每年平均更有三百名學生自殺，迫使政府通過專門針對學校的自殺防治法案。這次，自殺率與父母的關係不大，而是與日本人口中的「黑色校規」有關——校規甚至嚴格到規定學生內衣顏色——以及日本學生對於同儕行爲的困擾，這包括班級大到令人窒息與公然的霸凌行爲。意料之下的是，根據《BBC》的一份報告指出，目前估計有超過五十萬的繭居族（大部分是年輕男子），拒絕離開自己的房間，完全與社會隔絕。[25]

日本對教師的期待，則是他們把自己當成僵化教育制度上的齒輪，唯一任務就是提供知識給學生，幫學生通過難得出名的升學考試，此外沒其他目標了。對於無法在升學制度中獲得成就的學生，則沒有任何責任感可言。因此，整個日本教育體系等於對五十萬年輕人視而不見，完全採取眼不見、心不煩的態度。

現在我們應該明白其中的問題了。委託—代理人理論看待人才的方式，造成了對統計資料和「客觀」過分關注，其中核心信念是：委託人無法眞的信任代理人的內在驅動力。因此，代理人只得受到數字與客觀的「管理」。這就催生了高度簡化的成功定義，一切完全基於外在措施。到頭來，這反映了人才經理人（在此指的是教師）無法成爲眞正的伯樂。

這種對標準化和凡事掌控的需求，最終導致人才本身（在此指日本學生）喪失自主權和多元性，對於成功的看法也缺乏差異。日本「上班族」的形象——畢生穿著象徵服從的制服，甘願當一個毫無特色的小齒輪，替日本某企業集團賣命，仍然牢不可破，即使面臨全球化的壓力也一樣。日本籌組人才與工作的制度與內在驅動力的精神背道而馳，不太可能實現前文討論的工作使命：幫助與服務他人。

伯樂如何對抗「贏家全拿」的世界？

慧眼獨具的伯樂如何利用專精度，以對抗當前這個「贏家全拿」的世界？這個問題也許可以從創業領域著手，因爲這對各大經濟體的未來非常重要。從葡萄牙的里斯本到祕魯的利馬，世界各國與城市，都渴望成爲新世代的創業樞紐，因爲這是少數確定能打造就業機會的方式。即使是向來不以創業精神聞名的巴黎，在總統馬克宏的領導下，也轉向深怕英國脫歐的歐洲企業推銷自己，而且似乎取得了初步的成效。旅居倫敦的法國僑民緊張返國後，諸如塞納河畔納伊等時尚郊區的房價隨之上漲。隨後「黃背心」抗議活動襲來，首都巴黎多處遭到嚴重破壞，多少戳破了理想的泡泡。

全球一片創業熱潮中，印度也沒缺席。總理莫迪首次當選時，希望運用先前擔任古吉拉特邦（Gujarat）首長時成功吸引企業的經驗，把印度打造成創業國度。理由很充分：印度每年需要創造兩千萬個就業機會，吸收剛出社會的新血。

哈沙爾·沙賀（Harshal Shah）主導著孟買納西蒙杰管理研究學院（以下簡稱NMIMS）育成中心，專門扶持新創公司。他是法律科班出身，取得哈佛大學法學院碩士學位，但創業的念頭確實在他腦海中揮之不去：他放棄了自己的法律專業，現在既管理育成中心，也是參與早期創業活動的創業家。

哈沙爾在幫助人們打造前景可期的新創公司時，獲得了發人深省的三點心得，了解現代印度栽培（而不僅僅是管理）創業人才的真正需求。這三項要點應該更適用於思考人才培育的專精度。沒有人事先提醒哈沙爾，他是憑藉自己的能力領悟。

第一項心得是有關如何鎖定具發展潛力的公司。起初，育成中心只關注NMIMS的學生與畢業生，不過後來發現，在校生可能不像「現實世界」的創業家那般全心投入創業活動，而開放孟買民眾自由參與後，便大幅提升了人才的品質。

育成中心也因此能與經驗豐富的創業家合作，平均年齡（即人生經驗）立即增加了數年。哈沙爾的這項心得與前一章職場專家賽琳娜提到的開放員工爭取「自我挑戰的機會」，有著異曲同工之妙。

第二項心得是攸關實際會成功的公司類型。哈沙爾最初青睞的公司，是世界各地大部分育成中心都找得到的典型網路公司，估值高得嚇人、缺乏務實的獲利方法。隨著二〇一六年去貨幣化與經濟增長大幅放緩，印度股市泡沫破裂，這類模式的吸引力愈來愈小。育成中心轉爲關注「眞正的企業」，即現金流和利潤維持正數的企業。育成中心也開始專注尋找具備創業價值觀的大型家族企業，設法與他們合夥來整合或開發服務。這類與大型企業的「媒合」，起初不在育成中心的計畫內，但哈沙爾正視這項需求，隨之進行了調整。

第三項心得涉及育成中心本身的功能。起初，哈沙爾把團隊大部分時間花在發現與管理人才上頭，像是篩選申請人與申請表、花數小時管理和分析申請人的「管道」以確保有足夠深度與聲量。但後來他發覺，培育人才是更加重要的一環。現今，育成中心提供包山包海的服務，從財務等後端服務到銷售和行銷建議、支援等等。最了不起的特色是由七十位創業家組成的導師團隊。哈沙爾告訴我，這些創業導師「經驗豐富但依然渴求成功，可以從實務角度給予建議」。

「人才培育優於人才管理」這種行動與思考模式，與印度現代社會的心態相悖。三二一教育基金會的格拉夫避開的入學考都是著重人才金字塔的學校：把篩選嚴謹度當成最終獎勵，奇蹟就會隨之發生。這便是普遍出現於印度各行各業的「贏家全拿」模式。

想要眞正專精於人才培育，確實面臨著重重考驗。矽谷最負盛名的創投基金，比如凱鵬華盈（Kleiner Perkins），都有著類似的課題。寶琳娜．馬里諾夫（Polina Marinova）在《富比士》雜誌上發表了一篇精采的文章，她說：「凱鵬華盈」在創投圈的影響力曾媲美「歐普拉」在好萊塢的影響力。[26]她調查凱鵬華盈後來何以失去一個又一個前期交易的機會，包括投資Uber和Snapchat。後來，該公司才終於參與更穩定（但報酬率更低）的後期投資。結果，該公司替投資人創造的報酬，儘管以傳統標準來看十分出色，仍只是基標資金公司（Benchmark）等競爭同業的零頭罷了。這導致該基金最終一分爲二，因爲早期和後期投資的業務逐漸分道揚鑣。

閱讀馬里諾夫的分析後，幾乎可以感受到早期投資所需要的腎上腺素——簡單又暴力——教人難以招架，尤其是約翰．杜爾（John Doerr）等傳奇的創辦人，又想專注於其他領域，當然就難上加難。

問題是，真正的人才培育——早期投資畢竟是極端案例——是讓人心驚肉跳又往往枯燥乏味（和燒錢）的過程。每十筆投資只要有兩筆成功，創投公司就算走運了。但這兩筆投資所產生的報酬能補助整個基金。舉例來說，基標公司在二〇一〇年籌措的投資基金最後產生的報酬是，只要投資一美元，就能拿回二十五美元。

伯樂對人才抱持著豐盛心態，明白培育的道路曲曲折折，同時關注重燃內在驅動力與傳授專業知能，徹底把人才引領到自己無法達到的境界。

正如我們在哈沙爾的例子中所見，發展人才培育的專精度實屬難事，不得不放棄多數育成中心採取的傳統捷徑。但他有膽量與勇氣學習，採取必要的行動——這點即使是全球聲譽卓著的創投公司也不敢輕易嘗試。

重燃人才培育的使命感

如何才能抱持正確培育人才的心態，重燃伯樂和人才的內在驅動力，讓人人都可以形塑自我才能的發展道路？

想要實現這個宏偉的願景，我們先得重燃人才培育的使命感。

接下來要提到的餐飲業，乍聽不相干，但其實耐人尋味，有助我們思考解決辦法。JKS是倫敦一家餐飲集團，眞正落實了上述的人才培育模式。該集團是由三名印度裔英國兄妹所成立，他們雖是商管科班出身，卻對料理情有獨鍾。該集團旗下的印度餐廳都是由JKS直接創立，儘管風格取向不盡相同：Gymkhana反映英國舊時殖民風俱樂部，隨興供應數款老派潘趣酒；Brigadiers以印度酒吧爲主題；Hoppers充滿南印度與斯里蘭卡風情；當然還有Trishna這家米其林星級認證的傳統高級餐廳，同時也是JKS美食王國的開端。

但非印度料理反而帶來了更多特色與創意。包吧（Bao Bar）的招牌料理是臺灣鹹酥雞與豬肉刈包，讓臺灣小吃在倫敦大放異采，而這一切都始於哈克尼區（Hackney）內緹爾市集不起眼的小攤子，我的小孩現在依然愛跑去那裡逛街。同樣別具特色的是萊爾餐廳（Lyle's），它每天會在黑板上用粉筆寫下一份英國餐點，菜色不多但極其現代。

JKS共同創辦人喬汀·瑟希（Jyotin Sethi）在接受《外燴》（*The Caterer*）

訪問時，聊到萊爾餐廳和包吧兩家老闆：「很多人都在說他們有熱忱又有抱負，但餐飲這個產業眞的很辛苦，想要成功的話，你眞的需要有種執著、注意各種細節，可說是全方位的能力。㉗我們合作的對象都有類似的特點，不管是否爲印度裔都一樣。你需要有點天分，但執著的態度才能把天分轉化爲成功的事業。」

JKS培育餐廳新人的方式眞正令我佩服不已。瑟希在同一場專訪中還提到：「我們建議包氏老闆，把原本的街頭菜單改成適合餐廳的菜單。但是他們完全可以決定自己想做什麼料理、網站要怎麼呈現，因爲我認爲這是合作的關鍵。他們希望有自主權和獨立作業，我們則是提供商業面的經驗和專業。」

這是很有意思的培育模式，讓每家餐廳的風格不同。你可以造訪該集團旗下最新餐廳，復刻德黑蘭一家咖啡館Berenjak，但不會意識到這家與提供南印度和斯里蘭卡燉菜和咖哩的Hoppers屬於同一集團。

大多數餐飲集團都會問自己一個單純的問題：「我是否善用投資人的錢？」我喜歡JKS的原因，是他們問的問題更爲深入，反映對人才培育的深刻理解：「我有沒有幫助旗下餐廳老闆看到本來看不到的風景？」

重燃使命感的第二個方法：伯樂要堅持一條最高指導原則：對活動本身的熱愛

應該最爲重要。無論餐飲業、教育界或運動圈都適用這條原則。

卡維莎·克里希那穆提（Kavitha Krishnamurthy）在倫敦出生，母親是印度婆羅多專業舞者。她與兩位哥哥都是網球高手，最早的記憶是四歲時，哥哥教她如何握好網球拍；十一歲開始，她就到處參加網球錦標賽。

她在加拿大正式踏入網球界，無止盡地往前衝，拚命地參加比賽，打進區域與全國賽，最高曾名列世界青少年網球排行榜第四十名，因此得以參與溫網青少年組賽事與美國網球公開賽——她說這兩次的經驗改變了她的人生。後來，她有機會到普林斯頓大學讀書兼比賽，兩者同時進行想必極爲艱難。她表示：「我當時不喝酒也不參加派對，畢竟不是我的風格。」（與卡維莎聊完後，想到自己大學生活都在酒吧或社團活動瞎混，不禁覺得自甘墮落，離開後罪惡感滿滿。）

普林斯頓大學畢業後，她決定當職業網球選手。她告訴我：「我有時會去羅傑斯盃這類名氣很大的比賽，但大部分時候都只是挑戰賽或衛星賽，我辛苦半天也沒什麼人曉得……我媽不時會來陪我，但是我常常都一個人比賽。」

二〇〇三到二〇〇六年的三年間，也許可說是網球職業巡迴賽的純眞年代。費德勒才剛開始稱霸男子網壇，競爭尙未像現今這般激烈。

但後來，卡維莎還愛網球嗎？

「我覺得自己眞的愛網球，」卡維莎對我說：「後來我決定從職業身分退役後，去牛津大學攻讀碩士學位，但我當然沒有就此封拍，還加入大學網球校。」回首過去，她覺得網球帶來許多收穫。「網球巡迴賽留下了很多美好的回憶和時光。」她告訴我：「那時我有好多事情想完成，也想逼出自己的能耐，收穫眞的很多。」

始終不變的是，在卡維莎身旁支持她的父親。父親彷彿象徵著平衡和睿智。卡維莎偶爾會打贏比賽，但更常輸掉比賽，但不論結果如何，父親都無條件地接納她，這才是眞正重要的事——這點我們會在第五章以教養爲主軸時進一步說明。

與卡維莎交談時，我印象最深刻的是，自始至終，她對網球的熱愛似乎毫無減少，甚至比以往更加強烈。這不禁讓我想起多年前讀阿格西的自傳《公開》（*Open*）㉘，以及他對網球（與父親）愛恨交加（往往是恨）的關係。阿格西的自傳有著血淋淋的自白，書中毫不避諱地坦率直言，即使破壞了自己與網球界眾多好友的感情也在所不惜。

同樣令我欽佩的是，卡維莎極爲享受巡迴賽、旅行、認識世界各國的人。這份與同行相知相惜的能力，豐富了原本可能極爲孤單的日子。

她不僅參加職業網球巡迴賽，還進入普林斯頓大學和牛津大學就讀，目前在酒商帝亞吉歐（Diageo）擔任高階主管。回顧個人網球生涯時，她並沒有感到遺憾，反而帶著熱愛與深情，態度激勵人心。沒有人可以「指責」她沒當成網球界的球后，也沒什麼好遺憾的。她愛好旅行與競賽的經驗；而正因爲網球，她奠定了能力與經驗的基礎，最重要是成熟的態度，後半輩子勢必受用無窮。

想保持這種使命感，部分是要避免厭倦感。我們常常愛上的是活動本身，卻不喜歡伴隨的生活方式。但費德勒對自己旅行中偶然發現的最新壽司店讚不絕口；另一位溫網前冠軍鮑里斯・貝克（Boris Becker）對生活有類似看法。最近他在牛津大學的演講中談到，自己十分享受旅行的生活。[29]

若你是某位雄心勃勃運動員的朋友、教練或父母，或任何人的伯樂，設法幫助他們持續熱愛該項運動和伴隨的生活方式。若能幫助他們保持熱情，那無論發生何事，十之八九都會成功。

美國的米婭・哈姆（Mia Hamm）堪稱世界第一位眞正的國際女子足球明星。她給心懷大志的足球員一項簡單的建議：「在成爲一名選手、投入無數小時的練習，還有教練鞭策的背後，有個小女孩愛上了足球，從未後悔……爲她踢球吧。」[30]

凡是希望保持人才使命感的伯樂，這必定是十分受用的建議。

睿智的伯樂優先考慮人才的驅動力

對於眞正的伯樂來說，在此有條重要的規則：給予人才眞正的自主權，即使你自己得放下權力也別猶豫。

費德勒很幸運，一路走來都有不同教練帶他磨練到一定水準的球技、再大度地讓他轉換不同的教練，更上一層樓。還記得我的英文老師催促我申請劍橋大學，毫不在意我已離開他任教的學校，而且還挑了完全不同的主修。這需要伯樂眞正優先把人才的驅動力與需求擺在自己的驅動力與需求前面。

我一直都默默崇拜創投界傳奇人物維諾德·柯斯拉（Vinod Khosla）。他在成立自己的柯斯拉創投基金（Khosla Ventures）之前，曾擔任凱鵬華盈的合夥人長達近二十年。他提出一項觀點：創業家（人才）挑選共同創辦人的考量很多，但對於投資人卻完全不去多想。問題是，接受投資人就代表必定會受到他們的影響。他在鮑瑞資本公司（Bowery Capital）的演講中分享了一句名言：九〇%的投資人沒有替公司增加價值，七〇%的投資人還增加負值。

柯斯拉用聖母峰當做比喻：想像聖母峰並不難，但很難想像到登頂前的多條山路。可以幫助自己另闢蹊徑攀頂的投資人實屬少數。在他看來，這類投資人就像最優秀的雪巴人。

以柯斯拉的財富和經驗，你會認爲他無所不知，其實恰恰相反。柯斯拉的哲學是信任他所投資的人：創業家。除了信任，他也充當懂得批判的朋友。「柯斯拉創投公司給予反饋時，偏好一針見血的實話，而不是維持虛僞的禮貌，但同時也協助創業家實現成長目標。」柯斯拉曾寫道。[31]

「我認爲，除了對管理高層展現信任（或不信任），董事會不應該對任何事進行表決。我擔任董事超過二十五年，只有針對執行長是否要換人投過反對票，對於管理團隊則從來沒投過。我可以任意私底下辯論，討論就事論事，甚至毫不客氣，把最終決定權交由執行的團隊。假如團隊認爲董事會有最終決定權，那就很難好好做決定。」

柯斯拉在業界超過二十五年，把公司經營得有聲有色，更加堅信公司創辦人本身的價值和判斷力。「創辦人有能力擔任執行長總是比較好。創辦人的願景、文化和方法通常比『優質管理』本身更爲重要。」他如此作結。《創辦人心態》（*The Founder's Mentality*）一書充滿眞知灼見，運用大量商業案例支持柯斯拉的看法。[32] 該書發現，不論哪門領域，凡是仍由創辦人領導或影響的企業，幾乎都更加成功——企業文化等內在面向當然如此，但就連銷售和利潤等外在標準也是佼佼者。

實際上，柯斯拉創投公司現在已打造一支完整的支援團隊，用意是培育不必顧慮投資團隊的人才。隨著全新網路技術的出現，矽谷創辦人似乎有年輕化的趨勢，這點也就更形需要。

正如我們先前所見，慈善事業鮮少見到自主的精神，所以一旦有例子出現，我們就應該好好讚揚，尤其是大規模的計畫：美國備受敬重的福特基金會推動了名爲「ＢＵＩＬＤ」的全新計畫，向世界各地社福組織投資了十億美元。ＢＵＩＬＤ的宗旨是把權力交到贊助對象手上，承諾提供長期（五年）的資金。這讓贊助對象有機會取得相關專業知識，但不規定專業知識的內容、不對這些組織與其整體策略指手畫腳。

該計畫中期結果顯示，這項方法（尤其是長期資助的規畫）讓受扶持的非營利組織更加靈活，幫助他們更專注於組織策略、發展更堅實的同行關係（當然關鍵是與福特基金會本身的關係也更加緊密）。[33]這樣的結果令人意想不到：下放權力實際上卻加深了與受培育人才的關係。BUILD正在發展的計畫便是採取其他小型家族基金會，比如佩里基金會（Perry Foundation），所謂「以贊助對象爲中心」的方法。

柯斯拉創投公司與福特基金會是各自圈子的重量級代表。若連他們都能放下權力，其他企業肯定也可以跟進。

對於睿智的伯樂來說，放下權力的另一面向是清楚自己何時能增加價值，以及何時無法辦到。羅伯特．迪希洛（Robert Dighero）是佩信資本公司（Passion Capital）這家早期投資基金的合夥人，該公司在英國投資了許多成功的早期創業公司，包括求職網站「Adzuna」和網路銀行「Tide」（我也是客戶，與有榮焉）。佩信資本通常一開始會讓合夥人進入公司董事會，但隨著更多成熟資本挹注，合夥人角色也會逐漸演變。舉例來說，隨著公司規模擴張、大型創投公司提供更多資金，該合夥人可能從董事會成員轉爲觀察員。然而，整個過程有項要素不變：極爲尊重創辦人及其管理團隊的時間。羅伯特告訴我，這是新創公司最寶貴的資源。

我問羅伯特如何判斷創辦人是否適合投資。他告訴我，這個決定與產業無關（佩信向來不區分產業），也無法以「客觀」標準比較不同的創辦人。這與熱情有關，這種熱情來源是找出不解決就難以生存的問題。再來就是創辦人的韌性——無論出現多少問題，像是新創公司必定經歷的方向大轉彎，創辦人依然能不屈不撓。

我們討論到最後，羅伯特的結論是：「無論如何，大多數創辦人早晚也都能實現目標，我們只是拉他們一把囉。」這我覺得倒很難講，但如此謙虛的態度令人心安，而培育人才的伯樂身上有此胸襟，更難能可貴。

最後，伯樂還需要展現並示範跨領域的專精度——超越他們原本工作的專業領域。日後不同領域和專長的人才只要願意，便可以掌握跨領域的專精度。

一路走來，無論是否成爲溫網冠軍，先取得某個領域的成就確實重要，也能對後半輩子產生連鎖反應。我還記得訪談過阿拉斯戴爾．麥克唐納爵士（Sir Alasdair Macdonald）。他是東倫敦赤貧的塔城區莫佩思學校（Morpeth School）前校長，他的故事激勵人心：在他擔任校長的數十年內，莫佩思學校從一所沒人想讀的學校，成爲全英國表現名列前茅的學校。

我向他請教其中祕訣時，本來以爲會聽到課程、教學、OFSTED等關鍵字詞，沒想到他的答案跌破我的眼鏡：「桌球」。阿拉斯戴爾表示，該校學生與家長們覺得自己一無是處，所以需要一盞希望的明燈。桌球是最簡單、最省錢、最實際的運動，可以凝聚全校師生。畢竟，倫敦市內學校鮮少有大量的空間。阿拉斯戴爾開始在校內推動一項大型的桌球計畫，還引進世界級的教練與培訓課程。現在，莫佩思派出的各年齡組桌球選手經常打進全國冠軍賽。若用圖形顯示學校的桌球成就和其他方面的成功（包括學業表現）的相關性，便可以看到一條幾乎完美的直線。單一領域的成功對人生其他面向可以有「加乘」的作用。

蘿貝卡·費克特（Rebecca Feickert）和布萊恩·雷諾茲（Brian Reynolds）是「Trey Athletes」的共同創辦人。Trey致力於把美國大學運動員（起初著重於籃球）培育成全方位的大學畢業生，避免他們受到獲利豐厚但短視近利的大學體育制度影響。兩人告訴我，大學體育如今在美國是年產值七十億美元的產業，憑藉的是電視媒體合約與校友捐款，兩者與大學校隊的成功高度相關。

布萊恩告訴我：「假如學生獲得了大學獎學金，家長就會覺得自己的孩子中樂透。」但客觀事實是，即使得到獎學金，成爲職業球員、進而打入美國職籃的機率大約只有二%。然而，整個大學制度卻幾乎沒有培育其餘九八%大學運動員不同領域的才能。

實際上，美國大學體育制度似乎一心想要實現完全相反的目標：打造一個影響教育和社交的隔離制度。雖然大學運動員通常是校園內的「風雲人物」，但師長都鼓勵他們盡量與隊友相處，不要過度進行其他社交，以免「分心」；他們還聽勸選修了要求不嚴格的營養課程，這樣就可以把大部分時間用於訓練。

Trey Athletes 正在努力達成運動員跨領域的「專精度」，著手與運動員的父母合作，以確保能堅持發展廣泛的專精度，從學業到社交情感能力缺一不可，這對他們往後的人生和工作非常關鍵。

丹尼爾・科伊爾（Daniel Coyle）的著作《天才密碼》發人深省，其中談到了髓磷脂，它能大幅提升我們行爲與思想的速度和準確度。髓磷脂本身是圍繞神經形成的絕緣層，讓電脈衝得以沿著神經細胞快速移動。[34]

髓磷脂研究多半著重於深層的刻意練習，這能在特定專業中構成重複模式。但目前有個全新研究領域，亟需髓磷脂運作的證據——那就是「學會學習」的過程。「學會學習」是我們教育與人才管理制度所需，即人才觀察外在環境趨勢與訊號的能力，並知道如何據此發展個人才華。

人才「學會學習」的特點非常重要。我剛開始擔任策略顧問時，曾替大衛．紐科克（David Newkirk）工作。他是一位卓爾不凡的美國人，我深深佩服他面試（或可說面試）新人的方式。他不問常見的顧問相關問題和案例研究（通常是相當無意義的問題，包括要求應徵者估計世界上有多少顆高爾夫球），而是要他們聊聊自己熱衷事物，可能包含戲劇、葡萄酒、划船等任何事。根據應徵者的回答，他再提出更多更深入的問題，想看看他們是否在該領域培養了眞正的專精度。假使如此，他便相信他們能在策略顧問這個責任重大的領域，發展出同等的專精度。

我當時不太相信他的方法，但如今完全買單。問題是，他的方法愈來愈少見。對現今的伯樂來說，實現「專精度」比過去複雜得多，但收穫也更大。舉例來說，身爲未來的大學教練，可能會成爲高等教育機構體育、學術和輔導專業之間的對話者。這其中牽涉的複雜度，遠遠超越要求運動員精熟地跳過重重障礙。但至少在「跳」的當下，他們會處理眞正值得解決的難題。

整體來說，本章說明了我們深陷人才的泥沼，唯有少數贏家取得成功，並非成就所有人，這個現象遍及了人生各個方面。

若你本身就具有才華，無論是在勞力市場、運動場或音樂廳，希望本章能帶給你一線希望，進而改變你的心智模型。牢記人才的三大核心規則，了解自己獨特的使命感——也就是喜愛當前工作的理由，把這件事擺在第一位。

務必以獨特的方式來傳達使命感。我們之所以記得費德勒，不僅僅是因爲他獲得好幾座大滿貫，還因爲他喚起了賽事的老派優雅與魅力。切勿聽信「適者生存」的廢話，記住達爾文其實談論的是多元，勇於不同、脫穎而出。

身爲人才，就要堅持個人做事方法的自主權，包括最能激勵自己的練習方法，以及安排自己的行程和生活。費德勒在網球生涯後期才開始引人注目，這主要是因爲之前他參與的球賽較少，而且盡量減少旅行，才有更多時間陪孩子。

務必記得，不僅要在個人專業領域中培養專精度，還得發展可以跨領域的能力，未來有助於確立人生下一階段的才華與成就。

最後，尋找合適的伯樂，即眞正理解又相信你的人。若你運氣好，伯樂偶爾會出奇不意地進入你的人生（比如我的恩師保羅．亨德森就是如此）。但你往往必須主動去尋找伯樂，即使花時間也不要放棄，終究會有合適的伯樂。你一旦找到他們，一定要把握機會，不斷與他們共同學習和成長，同時謹記進入下一階段，就可能需要換一位伯樂。

若你的日常工作已與人才有關，像是教師或教練、職場導師或創投資本家，就要設法當個成就人才的一流伯樂。

切勿被外在誘因與對出錢老大的「責任」所惑，你只需對自己培育的人才懷有使命感與責任。

抱持豐盛心態，即使人才繞了遠路，依然要堅定不移，點燃人才的內在驅動力——對於活動本身的潛在熱愛。到頭來，這會轉化爲人生其他工作（無論是否相關）的成就。

盡可能避免給予太多答案，專注於提出正確的問題。

最後，身爲伯樂，專注於個人使命感、自主權和專精度，這樣才能眞正發揮自己的潛力。

希望本章有助我們從多元角度思考如何改變社會與世界，好讓人人的天賦才能都能獲得培育，而不只是獨厚少數人。我們要撕下「菁英體制」的假面具，因爲每個人都值得更好的體制。

「贏家全拿」的心態充斥著我們的生活，甚至純屬私人的領域也難以逃脫——

包括理想心靈伴侶的條件，以及子女的教養方式。

下一章會從工作和人才的範疇，轉換到更私人的面向。我們會探討施加於工作與人才上的外在壓力，何以深深壓迫到我們人際關係中的使命感、自主權和專精度（其中又以感情生活受到的衝擊最深，因爲愛情對我們整體的幸福感愈來愈重要），以及如何運用驅動力思維改善現況。

第四章

親密關係與內在驅動力：
從孤注一擲到高度安心

我希望感到無比脆弱、完全赤裸、毫無隱藏，卻又絕對安全。

——霍華・楚門（Howard Thurman）❶
美國作家暨人權領袖

札伊娜是一位阿拉伯裔法國人，住在巴黎塞納河畔納伊這個高級郊區。她二十歲出頭就嫁給一名法國丈夫，當時兩人就讀一所聲譽卓著的法國商學院，即將完成學業。

十五年後，他們生了兩個孩子，最後婚姻告吹。

我請札伊娜說明其中原因時，她起初表示不太確定，感覺自己與前夫並非眞的想知道問題癥結。「我們都累了，也沒有尋求諮商或其他協助，只是順其自然……」

札伊娜表示，法國女性雜誌和電影往往都把離婚說得很容易，甚至令人心生嚮往——凡是看過無數法國演員傑哈·德巴狄厄（Gérard Depardieu）和凱薩琳·丹尼芙（Catherine Deneuve）所主演的電影都可以證明此事。這點在近來法國電影中受到質疑，比如《愛過了》（*L'Économie du couple*，二〇一六）這部法國電影便以心理學角度探討離婚，劇情扣人心弦：丈夫在與妻子達成和解之前，沒有經濟能力可以搬出共同的房子。這部電影呼應了多明尼克·魏斯特（Dominic West）主演的HBO長青影集《婚外情事》，以及Netflix原創的《婚姻故事》等美國電影，更赤裸地突顯離婚伴隨的副作用，不僅衝擊夫妻，也影響孩子。

札伊娜說了一件事，聽得我很揪心。有次，她爲了阻止孩子在玩耍時吵架，告訴他們：「輪流玩，別吵架。」對此，她的女兒立即回嘴：「爲什麼妳和爸爸就可以吵架？」

無庸置疑，札伊娜對過去的事感到後悔。「我們工作的時候，都會抱持必須把事情做好的態度，但我們對工作的在乎，明明遠比不上對孩子的關心。也許我們對婚姻也需要有同樣的態度，因爲離婚對孩子們來說，眞的很痛苦。」

札伊娜的離婚來得迅速又簡單，因爲貼上了「和平」（友善）收場的標籤。法國像許多國家一樣，已把「不究責」當成離婚法主要原則。札伊娜難以釋懷的是，她和前夫本可以再多努力些來維持婚姻，但當時兩人情緒都很混亂。「巴黎的生活太不容易，一回到家就筋疲力盡了，然後我們會爲了小事吵個不停，像是孩子應不應該看電視，諸如此類的蠢事。」

另一項常見的吵架原因是兩邊祖父母的干涉。這部分的討論讓我想起了一位老朋友薩沙．貝爾森（Sasha Berson）提到祖母常說一句俄羅斯諺語：「小孩與祖父母是因爲有共同的敵人而同一陣線。」

「有孩子時，夫妻之中得有一個人做出犧牲、放慢事業腳步，女方現在多半不願意犧牲了。」札伊娜繼續補充，還說難得有男方願意嘗試時，結果常遭到社會蔑視：「我們當地父母互助團體中，有個爸爸決定每週三休假，這完全合法，但所有人都對他投以異樣的目光，尤其是團體中的媽媽們。」

在家鄉，札伊娜生長於富裕的家庭，當地凡是中上階級，家中都會聘請廚師、幫傭和司機。她覺得當時父母比自己現在輕鬆多了。

札伊娜坦承，法國在家庭友善政策的平衡上算是相對進步，不僅有給薪的育嬰假，各地普遍還有平價托兒服務。（這點獲得聯合國兒童基金會二〇一九年一項研究的佐證，該研究顯示法國的家庭友好政策排名相對優異，不過仍落後於瑞典、挪威、冰島、愛沙尼亞和葡萄牙等國家。）[2]

但札伊娜提到一點：就這類問題來說，國家政策的協助有限。備受尊崇的布魯金斯學會（Brookings Institution）資深經濟研究研究員理查·里夫斯（Richard Reeves）也指出，美國同樣面臨類似的問題。

更大的難題是社會規範。我認識另一對法國夫妻住在巴黎高檔的聖日耳曼昂萊（St Germain-en-Laye）郊區，兩人後來協議離婚，女兒完全無動於衷；她就讀的學校中，父母未離異的學生屬於少數。

一切都顯示，離婚有許多「社會流行病」的特徵：一旦普遍起來，就會弱化夫妻與整體社會的防禦機制，愈來愈被當成必然的結果，自然而然就會發生。

札伊娜的經歷中最令人震驚的是，她和前夫的朋友都沒有給予建議，更沒有設法勸退他們。離婚成爲「新常態」時，我們便眞的深陷社會問題中。

作家蘿拉·穆查（Laura Mucha）在世界各地採訪了數百對夫妻，走遍芬蘭到奈及利亞。她在《我們需要談談愛》（*We Need to Talk About Love*）一書中指出，新證據顯示，即使是相對幸福的夫妻現今也面臨了較高的離婚率。[3]另一項殘酷的事實是：父母離異的孩子更容易認爲離婚可以接受，她也提到了美國一項長達十七年、針對兩千對夫妻的研究結果顯示，原本衝突較少的夫妻在離婚後感到較不開心，孩子的幸福感也明顯降低。

離婚對生計的衝擊也至關重要。札伊娜坦誠地說起自己的經濟狀況，向我說明經濟學一條術語：「我們算很幸運，兩人都有一份不錯的薪水，但是兩人現在無疑是變得更窮了，這就叫做『規模不經濟』。」法國離婚後協議內容愼密，雙方都要嚴格遵守陪孩子的時間，包括例假日，而且都要保證輪到自己帶孩子時，空間夠大，好讓孩子住得舒適。札伊娜告訴我，這代表所有東西都得買兩份。

全球離婚率可以呈現出不易察覺的現象。自一九五〇年代以來，離婚率一直在上升，現今有超過四〇%的夫妻最後會離婚；西班牙和盧森堡等國家，離婚比例更是超過三分之二。然而，從世代角度來看統計資料則比較樂觀。根據研究人員艾斯特班．歐蒂斯－奧斯匹納（Esteban Ortiz-Ospina）和麥克斯．羅瑟（Max Roser）的調查，英國和美國等國家的年輕夫妻似乎正在翻轉這個趨勢；在年輕族群中，夫妻在一起的時間可能更長，甚至讓整體離婚率自一九九〇年代達到高峰後下降了大約一半。❹

但這種樂觀看法也伴隨著隱憂。歐蒂斯－奧斯匹納和羅瑟的分析顯示，全球大多數國家的結婚率也在下降，年輕人尤其如此。舉例來說，一九三〇年出生的男性中，有八三%在三十歲前結婚；但一九八〇年出生的男性中，只有四分之一在三十歲前結婚。這項趨勢普遍出現於所有年齡層，男女皆然。是否社會大眾害怕離婚，所以乾脆一開始就不考慮結婚呢？

值得一提的是，婚姻並不是穩定關係的唯一形式。每個人都有自己對婚姻制度的看法，不同的社會也是如此。印度人的態度與北歐人的態度有著天壤之別；在歐洲和美國，大多數人認爲同居或一起生活，基本上與婚姻差不多。但即使就此標準來看，世界各地的同居伴侶（無論結婚與否）比例整體也有所下降，❺比如根據英國國家統計局二〇一九年一項調查顯示，過去二十年來獨居人口增加了五分之一，總人數超過八百萬人。[6] 美國北部也出現非常類似的趨勢。[7]

婚姻是「高度專一」的財務策略

本章並非要辯論婚姻或同居的優缺點，而是探討我們如何運用自己理想中的方式，營造穩定、幸福又充實的親密關係。這點非常重要，因爲研究指出，我們愈來愈依賴重要的親密關係來主導人生的整體幸福感，不論對象是女友或男友、伴侶或配偶、異性或同性。

對此，家庭研究學者克莉斯汀·普露（Christine Proulx）設法進行有公信力的評估。她發現，婚姻品質對我們整體幸福感的相對貢獻在三十年內倍增，如今可能占了整體幸福感將近四〇%。[8]

以上所述傳達了什麼意義？

簡單來說，就是反映了一個親密關係「貧富差距」的世界。與過去相比之下，有幸進入專一關係中的人，更有可能白頭偕老，或至少陪伴彼此較久；但許多人寧願完全放棄婚姻制度或穩定的關係。

至少就美國來看，婚姻愈來愈像上流階級所專屬。布魯金斯學會研究員理查・里夫斯爬梳了二〇二〇年資料後發現，只有五九％中產階級孩子的父母是已婚狀態，與一九七九年的七五％相差甚遠。而中下階級的結婚率甚至驟降得更明顯。❾

里夫斯把婚姻形容為「高度專一」的財務策略。隨著許多美國人薪資停滯不前，中產階級與勞工階級男性首先就被這個重要的社會制度淘汰。他們基本上不覺得自己有經濟保障，因此無法養家糊口（儘管家中女性大多也有工作）。

現代人談感情所下的賭注高得嚇人。若我們找到專一的伴侶，就更有可能把人生過得更加幸福又有動力。

但找不到伴侶的風險正在增加——若我們經濟上處於劣勢，這種風險就會更大。這是有待解決的重大問題，也是本章想達成的目的。

我們會運用動力思維，分析目前的親密關係困境。至於已處於關係中的人，我們會運用動力思維和使命感、自主權和專精度等關鍵要素，探討自己如何成為更好的伴侶。這樣一來，我們便會提升在關係裡與日常生活中的整體驅動力與幸福感。

至於尚未進入關係但渴望談感情的人，我們會探討如何改善前置作業，以找到合適的伴侶，同時蒐集線索來確認目標。

親密關係的眞正目的

我們先從最重要的問題開始。首先，親密關係的眞正目的是什麼？西北大學教授伊萊·芬克爾（Eli Finkel）就曾研究過此主題，他針對美國婚姻當前趨勢，進行了廣泛又精采的史料分析。[10]

他的研究表明，婚姻在十七世紀的目的主要是溫飽、遮風避雨和免於暴力——也就是驅動力理論中所謂的保健因素。然而，從十九世紀初到一九七〇年代，芬克爾發現婚姻主要功能變成更高層次的保健因素，諸如愛、陪伴與性滿足。

然而，從一九七〇年代開始，「自我實現」因素——「自我發現、自尊和個人成長」，已成爲現代婚姻的核心，激起了芬克爾所謂的「表達自我」和「眞實自我」。親密關係大師埃絲特·沛瑞爾（Esther Perel）在接受《紐約客》採訪時，對於

現代婚姻就採取了類似的觀點，主張隨著親密關係中規則、秩序和責任逐漸解放，感情各個方面幾乎都要進行「煩死人的談判」。⓫

這意思不是性事之類的領域不再重要。產科醫師拉吉夫．斯里庫馬爾（Rajiv Sreekumar）在清奈的不孕症門診患者絡繹不絕。他告訴我，自己常得勸夫妻雙方留點時間經營性生活。他表示：「眞的有一大堆太太跟我說，她們實在找不出時間。我就建議她們寫行事曆和日記。」

埃絲特．沛瑞爾認爲，性事在現代婚姻中愈來愈像保健因素：性生活愉悅對婚姻的成功率影響不大；但若房事不合或無性生活，卻可以大幅拉低婚姻品質。但整體來說，婚姻與認眞經營的關係，愈來愈能發揮滋養雙方感情的作用，這也逐漸造成芬克爾所謂「全有或全無」的婚姻趨勢。親密關係產生作用時，可以提供個人、夫妻雙方一個滋養情感的環境，進而茁壯成長，獲得安全感與歸屬感。

在這方面，印度社會的態度正逐漸出現轉變。娜賓奈．瑟蘭（Nappinnai Seran）醫師先前轉換事業跑道，成爲清奈的婚姻諮商師，而民眾對相關服務的需求大增，促使她在市中心不同地區設立了辦公室（清奈正如印度其他城市，交通無比混亂，所以客戶不願意離開自家區域）。

琵蘭告訴我：「許多夫妻對感情十分迷惘，抱持很高的期待卻又沒有穩固基礎。他們不曉得自己想要什麼，另外還要應付很多外在壓力。」

史丹佛大學社會學家麥可・羅森菲爾（Michael Rosenfeld）的研究顯示，線上約會已成爲美國異性戀情侶最常見的交友方式，[12]早已取代老式的「社交禮數」，比如透過朋友介紹或到酒吧搭訕。

ＡＪ便是這類交友軟體的老手，其中包括Tinder。他是成功的倫敦創業家，現年四十多歲，目前單身，在倫敦和紐約兩地的約會經驗豐富。二十多年來，他每週都會安排一到兩次約會，這毋寧提供了大量資料樣本可以汲取洞見。

我料想自己難免會心生嫉妒，尤其是當他秀出Tinder「右滑」配對成功的對象，我確實心裡有絲嫉妒的刺痛感（ＡＪ長得很帥，似乎也吸引到長得漂亮的女性）。但我更強烈感到一股解放感——幸好自己早已結婚，不必面對競爭日益激烈的約會市場。

意料之中的是，ＡＪ不禁質疑這個全球最大交友軟體背後市值數十億美元的母公司眞正的驅動力。他斬釘截鐵地說：「他們的目的是撐高營收，所以不可能眞心幫助民眾找到另一半。」

從過去主動約會的經驗中，ＡＪ得知許多一般人約會的眞正驅動力。值得強調的是，這只是一個人（還是一名男性）的經驗，但仍可獲得一些值得玩味的見解。

「大家都以爲知道自己想要什麼，但是我覺得女人找另一半的時候，下意識在想『這個人能不能跟我生孩子、保障更好的生活？』她們看的是權力和地位——也就是個人成就與長期安全感。她們根本只想要跟『贏家』在一起。不論對方的成就是白手起家或繼承而來，或事業正好蒸蒸日上、早晚功成名就，她們都沒有意見。

「外表只是女人考量的因素之一，」ＡＪ繼續說：「這就跟男人的看法截然不同。」他的意思並非哪個性別比較高尚，而是就他看來，不分男女這都是屬於外在因素，只是類型不同。

ＡＪ的觀點是根據個人經驗，對於寧願相信人性本善的人來說，聽起來可能不大舒服。但無論好壞，這些觀點似乎都獲得最新證據的大力支持。

新加坡管理大學心理學家李品正（Norman Li）、加州大學爾灣分校奧利佛・桑（Oliver Sng）與同事，採用線上約會與快速約會（speed dating）的方法進行各種實驗。和過去的約會研究不同的是，這些研究納入了廣泛的社經組合，涵蓋光譜上所有約會對象，而且首次在研究設計中納入非典型俊男美女。

李教授總結道，男性和女性「在線上聊天與快速約會時，優先考量不同特質來篩選對象——女性希望男性的社會地位至少達到平均水準，而男性則希望女性的身材至少要有適當的吸引力」。⓭

由於以往的研究設計得不大精細，因此結果顯示男女都不太清楚自己理想中的條件，而且性別上的差異也小許多。但李教授主導的研究結果，確實呼應了他與道格拉斯．肯瑞克（Douglas Kenrick）共同主持過的「擇偶偏好」研究。⓮ 李教授表示：「這項新研究有助破除政治正確但有違事實的觀念，亦即我們身處性別中立的世界，男女都想要同樣類型的伴侶。」

李教授的研究基礎，其實是沙克爾福德（Shackelford）、施密特（Schmitt）與巴斯（Buss）三位學者近十年前的另一項研究；該研究採取了更爲宏觀的角度，調查六大洲一萬名成年人，結果發現男性容易先看外表吸引力與健康，而女性則較關注社會地位、資源、可靠度與聰明才智。⓯ 這些「基本標準得先謹記在心，再挑選更精確的特質」。

強調「基本標準」這點眞的很重要。社會地位（女性的考量）與外表（男性的考量）似乎是尋求愛情的人找對象時的保健因素，如同性生活是維持親密關係的保健因素。除了這些保健因素之外，研究也顯示，人更重視個性與主觀感受。「神祕感」、默契與浪漫依然在我們的擇偶過程中發揮很大的作用。但上述基本標準也不容忽視。

難題在於：線上約會和相親聯誼的興起，可能反而提升這類保健因素的重要性，導致保健因素漸漸成爲「候補」驅動力因素，好比前面章節討論工作驅動力舉的例子：雇主設法把辦公室福利（例如咖啡機）當成驅動力因素。

這當然是AJ的觀點。他認爲，約會交友軟體形同社交災難，不只是因爲這類軟體直接促成的線上行爲，也是因爲它們滲透了正常生活、改變我們日常的期待。他指出，這些軟體故意刺激人的視覺、提供即時的外部驗證，加上配對成功會促使大腦分泌多巴胺（透過神經細胞傳遞訊號的神經傳導物質）帶給我們快感。

社會心理學家珍內特．普維斯（Jeanette Purvis）寫了一篇關於Tinder的論文，文中把線上交友比喻爲吸毒。[16]就毒癮患者來說，對毒品的期待比毒品本身更能刺激多巴胺分泌。她總結道：「同理可證，對於期待在Tinder上右滑而配對成功的使用者而言，連續右滑看來就極爲類似上癮。」

最近的統計資料似乎支持這點，就連大型交友網站自己進行的研究也有相同結果。二〇一七年交友網站「Match.com」的調查中，六分之一的單身人士坦承自己對於找約會對象的過程上癮了。俄亥俄州立大學研究人員進一步發現，社交焦慮受到孤獨的加乘時，線上交友「造成強迫使用，產生負面結果」。[17]

我們先前談到條件式獎勵的危險，而線上交友似乎就是最極端的例子。商業新聞網站《The Manifest》一項研究發現，過去九個月以來，九三%的交友軟體使用者至少把軟體刪除過一次，其中少部分是因爲找到了專一的伴侶。[18]多倫多交友軟體使用者潔西卡表示：「使用軟體感覺很浪費時間……大多數時候，交友軟體都愈用愈挫折，感覺永遠都遇不到眞正喜歡或想在一起的人。」

儘管有這些隱憂，皮尤研究中心一項獨立研究卻發現，三〇%的美國成年人表示自己曾使用線上交友網站，一二%的使用者在網站上找到結婚對象、或穩定的伴侶，這等於是三九%的「成功率」。[19]

然而，皮尤的研究還有一項爆點：三分之二的使用者從來沒與軟體上認識的對象約過會。大腦之所以分泌多巴胺，是由於對約會的期待感，而不是因爲實際的約會；這也許就不太令人意外了。

AJ還指出，線上交友行爲的水準每下愈況，比方說，現在相當常見約會對象「搞失蹤」，也就是其中一方人間蒸發，或在約定時間的前幾分鐘臨時傳訊息取消約會。ＡＪ提出關鍵原因：約會雙方沒有可靠的方法彼此留下回饋。與Uber或Airbnb不同的是，線上交友網站使用者無法「評價」對方的行爲。對於千禧世代來說，面對負評有時可能備感陌生。他引用葛瑞格·路加諾夫（Greg Lukianoff）和強納森·海德特（Jonathan Haidt）合著的《爲什麼我們製造出玻璃心世代？》，書中言詞犀利，證明年輕人易碎的玻璃心，但也坦承自己是以偏概全，沒考量年輕族群本身的多元性。[20] 皮尤針對美國的調查運用了更爲科學的方法，記錄這些「不良約會行爲」的普遍程度，以及女性在網路上遭到肉搜和騷擾的現象。

線上交友正在「導致十足消費主義的心態，只爲了替使用者自己帶來最大方便，但是現代愛情不該像只考慮自身利益的魚之愛。」ＡＪ借用已故的拉比喬納森·薩克斯（Jonathan Sacks）的名言：「而是你要眞正關注對方的幸福與滿足。」[21]

ＡＪ的經驗反映了約會軟體所帶來（幾近）無限選擇的悖論。ＡＪ像我一樣是經濟系科班出身，開始興奮地談起最佳停損點理論。研究顯示，大約進行三十五次約會之後，你應該就會找到適合的伴侶。他挑明說：「之後繼續約會下去就沒有意義了。」

約會交友軟體與網站的成立，是為了讓我們跳脫有限的選擇。但無止盡的選擇產生了類似於「買完後悔」的感覺，就連約會過程有些火花和來電也一樣。無論進展有多順利，總是有股揮之不去的感覺，好像可以選擇更好一點的對象，彷彿線上軟體是設計來體驗「交友的生活方式」，一切取決於外在因素。

人際關係的「劑量」與品質無關

在我訪談過的情侶中，那些找到眞愛的人對於現代約會交友的花花世界又有何中肯建議呢？找到你打從內心喜歡的東西、某項嗜好或活動，然後進入自己的心流。在這個過程中，自然而然地找到眞愛。

我們當前看待親密關係的方式，不僅會減損使命感，也會傷害自主權。這無疑會危及我們個人內在衝勁和驅動力。

婚姻或專一關係之所以變得「全有或全無」（再次借用芬克爾的用詞），有一個重要的原因：我們其餘人際關係在日常生活中的影響愈來愈小。芬克爾提出了難以反駁的統計資料：多年來，已婚人士花在各類朋友身上的時間呈現下滑趨勢，陪伴父母、兄弟姊妹或熟識親戚的時間也不斷減少。[22]同時，民眾參與鄰里活動的時間，比如當地板球俱樂部或童軍團體，則出現更明顯的驟降。這正是羅伯特．普特南（Robert Putnam）多年前在《獨自打保齡球》（*Bowling Alone*）這本鏗鏘有力的書中，所要提醒讀者的事。[23]舉例來說，芬克爾引用的資料顯示在一九七五年時，美國人無論有無小孩，平均每天都會花兩小時與親朋好友相處，而不是陪在另一半身邊。到了二〇〇三年，即整整一個世代之後，這個數字降到每天略高於一小時。

明尼蘇達大學最驚人的發現是，夫妻一起待在家的時間大幅增加，就像法國人口中的「en famille」（陪家人）。[24]家庭生活益發占據我們可自由支配的時間，至少在「現實世界」中是如此——犧牲了朋友、親戚和街坊鄰居，最關鍵的是只有夫妻兩人獨處。你可能會問，但全家人共度美好親子時光不是一件好事嗎？當然是好事，但若我們因此愈來愈孤立於更大的人際網絡與社區之外，那可就不太好了。

芬克爾引用了同樣在西北大學的伊蓮．張（Elaine Cheung）的一項研究，該研究顯示，我們社交對象的組合愈「多元」，也就是按照不同心情狀態，我們可以求助的人愈多，生活品質就愈高。[25]華頓商學院心理學教授亞當．格蘭特發現，即使較不緊密的人際關係（我們偶爾才與對方聯絡），也仍然具情感上的意義，就算頻率不高也沒關係。[26]他認爲，偶爾主動關心他人，實際上是很充實的事。理查·萊恩也同意這項觀點，主張人際關係的「劑量」與品質之間並無太大關。更重要的是，互動過程中如何與對方產生共鳴。換句話說，雖然家庭成員花更多時間相處有很多好處，但重點是，我們要打開眼睛和耳朵（最重要的是打開心胸）接觸形形色色的人，不要與世隔絕。

因性別刻板印象，落入驅動力陷阱

還有另一項壓力是工作。我們的社交生活愈來愈受到社會階級所左右，而社會階級也愈來愈取決於工作本身與頭銜身分。就此來說，我們自己打造出兩種「困境」——分屬男女的困境，這對親密關係帶來了更大的壓力。第二章提到，工作的眞正使命是幫助與服務他人。但我們也了解，實現使命之前需要投入大量時間，以獲得工作專精度所需的智識與才能的必備要素。

女性面臨的問題在於，資訊蒐集、拓展人脈、提升在組織高層前的能見度和信任度等基本活動，往往是在上班時間之外進行，比如餐敘、喝酒應酬、講座，而且地點通常是酒吧或夜店——這些時段，女性往往要承擔照顧孩子的重責大任。你可能以爲，最近在家工作的趨勢有助於紓解這些壓力，但實際上似乎反而令壓力更加龐大。根據英國市場研究公司易普索（Ipsos）在新冠肺炎封城高峰期間所進行的一項大規模民調顯示，儘管大多數男性也在家工作，但照顧孩子和做家事等責任多半仍然落在女性頭上。[27] 這就是爲何務必要盡量利用白天上班時間磨練「智識與才能的必備要素」，比如在職進修或拓展人脈，因爲這類活動安排在上班時間之外，只會讓職場女性更難參與。

這讓廣大女性同胞情何以堪？她們知道自己的才華不亞於伴侶，同樣值得好好培育。但她們也明白由於時間被塞滿，所以實際獲得培育成長的機會，比男性少了許多。

可以肯定的是，這樣的狀況絕對有失公允，害得全世界一半人才無法眞正獲得發展。假如「贏家全拿」的世界是由單一因素所造成，勢必就是上述的問題。但本章格外值得關注的焦點，則是在這點對現代親密關係造成的壓力。

安—瑪麗．露西（Anne-Marie Lucey）是三一律師事務所（Trinity Chambers）首屈一指的離婚訴訟律師，她的客戶大多來自倫敦和艾塞克斯。自從二〇〇五年執業以來，她經手了超過三千件離婚案件，六成的客戶目前已婚或採民事結合，其餘則是同居關係。

她也證實，這類「工作困境」是異性戀夫妻離婚案件的一大主因：女性經常必須一再爲了家庭犧牲事業。安—瑪麗表示：「生小孩就像在婚姻中投下震撼彈，這可能帶來好的結果，但往往都像核子彈般摧毀一切。」她舉了一個例子：「一位社區女醫師每個禮拜只能工作兩天，她先生則當上外科醫師，這便在婚姻中種下怨懟感。」

雖然女性絕對是吃虧的一方，但男性面臨的狀況也好不到哪去。梅瑞迪絲．博加斯（Meredith Bodgas）是美國著名雜誌《職業婦女》（*Working Mother*）的編輯，長駐巴爾的摩。說來諷刺，儘管雜誌名稱是「職業婦女」，她最近卻轉換該雜誌關注的焦點，改爲向雇主提倡改革職場對於男性員工的要求。舉例來說，美國男性普遍有種預期心理，認爲下午五點後的會議仍應該隨傳隨到，即使會議沒有明確結束時間也一樣，導致最後會議可能拖到凌晨時分才散會。

假如太太的事業與薪資在有了家庭後便停滯不前（這正是許多已開發國家中的

研究結果），在家庭收入來源上，先生就得持續負擔較高比例，特別是孩子愈長愈大、開銷也愈來愈大時更是如此。這項困境往往造成更多磨擦，男性被迫犧牲更多時間，難以關注其他重要的人際關係網絡。

由此產生了一個惡性循環，一方面放大了傳統對性別的期待，另一方面伴隨著性別刻板印象，在過程中同時困住了女性與男性，雙雙落入了驅動力的陷阱。

正如我們在本書中所見，從驅動力的觀點來看，人生各個面向都密不可分。我深信，雇主對於我們人生中較大的驅動力問題背負著重責大任——關係經營尤其如此。雇主需要加以因應，採取審愼又迅速的行動。

現代親密關係具有無窮的潛力，可以解放我們人生的內在驅動力，身爲個人或伴侶都是如此。然而，拓展這種潛力變得愈來愈難，關鍵難題之一就是我們運用時間、安排時間的方法。

親密關係中，要發展什麼專精度？

在我們的親密關係中，要如何實現「專精度」呢？我們要如何利用「專精度」來激勵對方與自己，進而讓兩人都感到更有動力？這些問題感覺非答不可，但關鍵在於要專精什麼？

看似針對特定問題的衝突，比如夫妻想要生孩子的渴望，其實透露了更深層、隱隱發揮作用的情感。

普拉狄帕．納拉雅娜斯旺米（Pradeepa Narayanaswamy）是一名生育顧問，但並沒有受過醫學專業訓練。可是她的專業是快速成長的全新領域，就是幫助客戶度過難熬的備孕期，短至數週、長至數月，最後還不見得能受孕。普拉狄帕和我都是南印度人，但目前住在美國達拉斯近郊。她的客戶來自全球各地，主要透過視訊聯絡。她表示：「夫妻可能會準備一大堆資訊，內容多到他們完全不知所措。一般夫妻都沒學過怎麼度過這樣的困境。」

就普拉狄帕的客戶來說，親友往往不知道如何從旁支持。普拉狄帕告訴我：

「他們最後通常會幫倒忙，像是說出『放輕鬆，自然會懷孕成功』這類地雷的話。」因爲統計資料清楚顯示，根本不是這麼回事。

研究人員艾肖克．阿加瓦爾（Ashok Agarwal）、厄迪提．莫爾根（Aditi Mulgund）和蜜雪兒．芮妮．奇雅特（Michelle Renee Chyatte）針對全球不孕率進行了劃時代的統計。[28]過去資料顯示，全球夫妻有一五%（或近五千萬對夫妻）不孕。但研究人員表示，這大幅低估了全球男性的不孕率，特別是在非洲、中歐與東歐等地。以前大約有半數不孕症歸因於女性，只有二〇%到三〇%歸因於男性（其餘則是綜合因素）。最新研究顯示，部分地區不孕症單純是男性問題的比例可能高達七〇%。

儘管如此，一般卻常常是女性先開始找普拉狄帕做生孕諮詢。即使丈夫參與會談，她仍發現男性通常很愛控制太太的言行。男人可能害怕沒面子，尤其怕發現不孕是「他們的錯」。

根據世界衛生組織的說法，生殖技術日新月異，最明顯的是試管嬰兒數量成長，但並未讓不孕症比例下滑，一反眾多科學家先前的預測。[29]

雖然普拉狄帕諮詢課程的大部分時間都在討論輸精管和輸卵管，以及其他相關的解剖學知識，但都埋著一個情感的地雷：「我們不夠關心自己的另一半。」

表面上是關於不孕的問題，愈挖愈深才發現夫妻面臨著共享認同與價值觀的障礙。普拉狄帕表示：「以往夫妻因爲社會地位而同一陣線，印度裔的話尤其如此，現在則努力尋找共同的價值觀……還得深入說明共同價值觀的眞正意涵，比方說夫妻雙方對養育孩子的態度有無一致，或者彼此抱持什麼樣的理財觀念。」

普拉狄帕的專業除了協助夫妻備孕之外，還有伴侶諮商。雖然生育顧問是屬於全新的領域，但其實在某些方面延續了長期以來的傳統。問題是，正規的伴侶諮商的效果可能不如預期的有效，主要是因爲夫妻開始諮商時往往爲時已晚，加上沒有全心全意地投入。

我與離婚訟訴律師安—瑪麗談及她在英國的經驗時，明顯感受到這點。雖然她的客戶中有半數都看過諮商師，卻鮮少能帶來大幅的改變；主要是因爲夫妻雙方通常只參加幾次諮商。「人們會認爲諮商沒有用，所以就算了。」她認爲，一般人不大願意認眞經營婚姻或想方設法解決問題。

走上離婚這條路的夫妻都會經歷「調解」的過程，但安—瑪麗告訴我，調解過程通常也是白忙一場。她表示這只是法律上的必要程序：「調解常常就是把該打的勾打完，根本就像在離婚前打理好大小事，而不是認眞想要挽回婚姻。」這項事實的佐證是，她經手過大約三千個調解案例，最後決定不離婚的夫妻只有一隻手就數得出來。

夫妻需要精通的能力是進行更深入的對話，可以彼此進行溝通，或是透過專業協助，學會開啓這些困難的話題，不怕動搖自己內心的安全感。我們多半是因爲恐懼而沒有在第一時間進行溝通，不然就是眞正開始溝通時，早就來不及了。

如何重新定義親密關係的使命感？

那透過動力思維，我們如何重新定義親密關係的使命感呢？我們誤以爲現代的親密關係中，必定要提供人生所需的情感滋養與動能，但這個想法不切實際。我們的人生無比複雜，要求另一半無條件滋養未免太過分。

雖然期待伴侶滿足我們所有願望和需求不切實際，但親密關係的使命是提供內心安全感與依附感。

根據心理學暨精神病學家約翰・鮑比（John Bowlby）與後來的瑪莉・安斯沃斯（Mary Ainsworth）提出的依附理論指出，親密關係中存在三大依附類型：安全型、焦慮型和迴避型。[30]

每個類型的含意與字面上意思差不多。迴避型依附多半非常重視情感獨立；焦慮型依附傾向黏在對方身邊、表達不安全感；安全型依附在親密關係中通常很可靠又一致。

阿米爾・樂維（Amir Levine）和瑞秋・赫勒（Rachel Heller）合著的《依附》一書發人深省，其中提到認識自身的依附類型，有助夫妻雙方更加了解彼此。[31] 你可以學習如何適應對方依附類型，協助對方提升內心的安全感。

克莉斯蒂娜・艾斯卡隆（Cristina Escallón）是常駐倫敦的哥倫比亞組織行爲顧問暨商學院客座講師，她向我說明其中的神經科學原理。克里斯蒂娜認爲，人類這個物種之所以與眾不同，是歸因於大腦的發育方式。因爲我們出生時大腦還沒有完全發育，所以嬰幼兒期完全依賴他人才能生存，這點非常獨特。於是，人類很早就形成了強烈的社交本能，再加上嬰幼兒期對神經路徑的發展影響最大，造就了各式各樣對於自身和周遭環境的信念。

克里斯蒂娜說，正因如此，人類的爬蟲腦（從幼時起就保持警覺）有一種基本的「社會生存」本能。就像幼兒無論做了任何事，都會本能地等待母親或照顧者反應，人一輩子都可能在社會上尋求相同的反應和認可。大腦始終處於緊張狀態、老是充滿恐懼，設法保護自己免受潛在的傷害。一旦察覺危險，或甚至旁人負面的回饋，我們的反應就像身體受到傷害：皮質醇迅速分泌，導致大腦和身體過度緊張。

我們體驗恐懼的方式至關重要。克里斯蒂娜認爲人類有三大基本恐懼：恐懼不安全（又分爲情感安全、身體安全和財產安全）、恐懼不夠好和恐懼不被愛。

心理學家卡爾·羅傑斯（Carl Rogers）提出的「無條件正向關懷」概念[32]也許可以應用於此：我們眞正愛一個人，就不會妄加評判，也不因爲社會地位或其他外在因素而大小眼。

可以暢談自己承受的壓力與不安全感是非常重要的事。孩子們年幼時，我與阿伊達經常爲了何時哄他們睡覺而吵架。當時我都比較晚回家，所以想讓孩子晚睡一點，這樣就可以陪伴他們。但阿伊達說得沒錯，我們夫妻倆需要時間好好獨處，她也需要有另一名大人的陪伴，畢竟整天照顧小孩比我上班更加辛苦。但是僅僅增加夫妻獨處的時間並不夠，我們還要利用這段時間吐露眞心話。

隨著我們的期待不斷增加，還產生了更複雜的問題：我們生活周遭變化的速度。我與阿依達結婚十五年多來，我換了不下四次工作，每次換工作都伴隨著情緒創傷與各種混亂，包括工作型態與個人身分的驟變。而阿伊達也經常得不斷適應，加上要照顧兩個孩子、搬了三次家、雙方父母健康亮紅燈等狀況都帶來很多變化。

現代生活變遷太過快速，我們如何在改變的過程中相互扶持——不論是各自經歷的變化，或夫妻共同經歷的變化——會是親密關係中愈來愈重要的因素。

我與當紅廚師暨餐廳老闆艾絲瑪．汗（Asma Khan）談話的時候，覺得自己沒見過幾位像她如此自信的女人——內心有無比堅定的自主權和使命感鞭策。但即使像這樣自信非凡的廚師老闆，婚姻發揮的支持作用也明顯可見。艾絲瑪開始於伯爵宮（Earl's Court）自家公寓經營晚餐私廚時，丈夫穆斯塔克毫不在意。正如艾絲瑪不干涉丈夫的工作，他也從不插手妻子的事業，但懂得從旁默默的鼓勵，這顯然對艾絲瑪產生深遠的影響。

艾絲瑪參與Netflix《主廚的餐桌》節目大獲好評時，她原以爲穆斯塔克絲毫沒在關注。後來她才知道，他當時人在孟加拉祖厝中打開電視，播放節目給整個家族觀賞，他雖然默不作聲但面露得意，逼每個人都待在座位上看完才准離開。即使是像艾絲瑪這樣勇敢又有自信，可說是我認識的人當中最激勵人心的女性，丈夫兼恩師的穆斯塔克默默支持、不妄批判，正是她安全感的重要源頭。

同樣的，我從光鮮亮麗的高薪顧問工作轉換跑道，決定創辦一個非政府組織，非常幸運地身邊有明理的另一半，對我的看法沒有因爲工作頭銜等外在因素而改變。安全感和無條件正向關懷，對於現今親密關係至關重要。

不究責的離婚方式可能是一把雙刃劍。雙方都確定要離婚時，這種方式當然可以大大減少離婚過程中的對立，但同樣的，正如我們在札伊娜的案例中所見，這或許也會讓離婚前少了部分「剎車」，導致婚姻迅速瓦解、破壞安全感。

安全感似乎對於同性伴侶更加重要。查爾斯．洛（Charles Q Lau）在二〇一二年的一項研究中發現，同居的同性伴侶比異性伴侶更容易分手。[33] 少數族群感受的壓力反映出外部施壓只會帶給雙方更大的緊張感。然而，隨著我們的法律制度愈來愈包容，比如納入民事結合關係和同性婚姻等制度，再加上社會態度的改變，我們希望異性與同性伴侶之間的這項差異會隨時間淡化。

若兩人同居卻未婚也無民事結合該怎麼辦？這可能代表你得付出更多的心力，確保深層的安全感，因爲這種親密關係的分居在法律上的障礙要低上許多。

親密關係裡如何保有自主權？

我們的世界處處是陷阱、難以預測，因此沒有立竿見影的解方。但是堅實的親密關係使命，就是協助我們在這個世界中獲得安全感，藉此感受到被愛與重視。那伴侶雙方的自主權呢？我們如何按照自己的步調來生活，享受幸福又健康的親密關係，而不覺得我們需要「打腫臉充胖子」？

我認爲有三大關鍵方法。

正如本章所提到，現代生活的壓力導致親密關係中的共處時間愈來愈少，而這可以透過安排共同時間與興趣來解決。我發現，分享類似經歷有助鞏固自主權。我與阿伊達每月至少會找時間一起看齣舞台劇，樂於讓我父母幫忙週五帶孩子。只要時間允許，尤其現在阿伊達正在上心理治療師的認證課程，我們會嘗試閱讀相關書籍。舉例來說，阿伊達就幫本書推薦了不少頗有意思的研究文章。

我們開發自主權的第二項方法，便是除了照顧孩子外，培養伴侶的自我認同感——這在「直升機家長」充斥的當代，變得愈來愈難實現了（下一章會有相關說明）。我與阿依達很積極地認識沒生小孩的夫妻，或想談論孩子以外話題的夫妻！我們盡可能空出週五晚上，當做「孩子勿擾」時段，身心皆然。

第三項方法是替親密關係內每個人培養更穩固的自主意識。理查・萊恩整理數十項研究後得出結論：「受訪人表示，伴侶較支持個人擁有自主權時，自己愈容易感到安全地依附對方、展現情感的依賴。一旦彼此都支持個人自主權，結果對大多數親密關係來說最爲正向。」[34] 也許，維持伴侶自主權的方法是結交摯友，並且雙方有獨立的興趣或愛好。我就有一群從大學時代結交的死黨，他們幫助我度過了人生中許多關卡。

掌握相伴的能力

我們又要如何培養親密關係中的「專精度」呢？

就改善親密關係來說，約翰・高特曼（John Gottman）是全球頂尖的權威。他成立了高特曼研究所，已能敏銳判斷親密關係的走向是蓬勃發展或陷入困境。[35] 意外的是，這其實歸因於一件極其簡單的事。

高特曼發現，情感的投入與關注只要失敗數百次（也許是數千次）後，親密關係便會陷入困境，久而久之便無法挽回了。每多了一次失敗，都會在心上造成無法抹滅的小小傷口，加起來就形同親密關係的心臟病發作。

我不禁懷疑，札伊娜與當時的丈夫面對巴黎生活的壓力，以及年幼孩子成天的尖叫，是否因此無法再聽到對方的情感需求。

「我們有很多時間相處，」札伊娜告訴我：「但時間過了就過了，沒有任何意義。」札伊娜的「意義」一詞用得沒錯，這與用心陪伴的「寶貴時光」（quality time）並不一樣。在一九八〇和一九九〇年代，「寶貴時光」的迷思特別流行，事業成功的家長認爲凡事都能外包給保母或老師，忙完一整天人才出現，以爲陪孩子一小時就能傳授所有智慧。我至今遇過的許多父母心中仍有這類迷思。

高特曼的研究顯示，伴侶之間的獨處時間眞的無可取代，而且這是指能眞正的關注彼此、傾聽彼此的時間；但難就難在無法具體指定或劃出這些時間，不像企業有每季利潤報告，或國家有年度國情咨文那般引起關注。凡是重要的事——努力投入情感、產生共鳴——往往都是隱而不顯、穿插於平凡無奇的日常生活之中。

因此，傾聽與覺察至關重要。我們需要掌握傾聽的能力，好在這些時刻展現專注，也需要掌握心理學家所謂的「後設認知」——即從當下情境中退一步思考，遠離眼前的爭論焦點，了解並反思自己念頭與情緒的變化。

我們也得正視社群媒體對親密關係的衝擊。我訪問的每位親密關係專家都認爲，「過度美化的」社群媒體無法眞正取代「眞實世界」的關係。另外，根據《紐約時報》報導，科技企業高層主管禁止保母在照顧孩子時使用智慧型手機。㊱現在每到傍晚，我都把手機放在樓上，盡可能不去使用。兒子們告訴我，這樣他們開心多了。

想要建立穩固的關係，我們的身心都要專注於當下。身兼父親與丈夫角色的我，一直很不擅長這件事，但正不斷努力改進自己。阿伊達參與了正念培訓課程，而我接受麥可．詹姆斯．黃（Michael James Wong）邀請上他的 podcast 節目《只是呼吸》後，便一直在思考正念與內在驅動力之間的關聯。我們把太多時間都花在外在事物上，單純互相陪伴太重要了。

無論我們人生中所做決定爲何，首要之務在於掌握相伴的能力。只要我們完全沉浸於相處的每個當下，就更有可能完全投入關係之中。

親密關係不是非黑即白

本章中，看到驅動力思維如何能協助我們重置與重塑親密關係。我們也知道，親密關係是人生與幸福的主要驅動力，卻愈來愈朝「全有或全無」的方向發展。我們每個人都得妥善處理親密關係。

我們需要重新定位親密關係中的使命感，轉而追求更謙卑但專注的內在目標：給予情緒上的安全感與無條件的關懷。

說來弔詭，現代的交友世界中，特別是線上交友，並不鼓勵情緒安全感。交友軟體公司其實有所因應，但他們當前的商業模式——我們在app上花費愈多時間，他們就能賺愈多錢，阻礙他們採取行動；因此，我們也需要改變個人使用app的行爲。目前，這類軟體都是充斥著外在驅動力因素。

我們親密關係的自主權正在受到威脅——尤其是用於重要戀情或直系親屬之外的時間。然而，無論身爲伴侶或個人，我們都可以找回自信和自主權，培養更廣泛的興趣與友情，好好重整我們的親密關係。

最後，我們需要提升自己傾聽伴侶的專精度——正念也許是有助達成目標的工具，規範社群媒體的使用可能也有效果。一旦對方釋放重要但低調的情感訊號，希望我們全心陪伴，懂得傾聽才會有助我們加以因應。

整體來說，希望你在讀完本章後，能抱持著強烈的樂觀態度。務必記住，擁有選擇是福也是禍。以我爲例，身爲南印度人，居然可以在巴黎文青地段一場聚會上，偶遇摩洛哥女子並與她結婚，之後在倫敦過著平順的生活，眞是不可思議。現代社會也帶來其他的奇蹟：AJ能在交友軟體上認識俄羅斯人、德國人和義大利人，就和認識英國人一樣輕鬆；時下伴侶則益發能從家族與姻親的殘酷壓迫中解放出來。

但在釋放自由和自主權的同時，伴隨著各種複雜情況與副作用，我們與伴侶需要發展全新形式的專精度才能主導全局。

普拉狄帕的生育諮詢服務市場正不斷擴大，這象徵了變革的重大前兆。我們倆都來自南印度，這種背景下，固然帶來極度支持的舒適圈，但同時又過於目光狹隘和高壓。我在清奈結婚之前，某位遠房親戚對我母親說：「如果妳當初把兒子給養好，他就不會是現在這個樣子了。」

清奈現在是截然不同的城市，比過去更有活力，也更加國際化；最重要的是，市民的思維方式更開放。伴侶享有前所未見的自由，能按照自己喜歡的方式生活，也依自己認為合適的方法養兒育女。若有需要，他們也可以尋求專業協助與諮詢。

隨著各種可能浮現，出現了一線希望，甚至可說是一道曙光：我們對親密關係的理解已然深化，普拉狄帕也成功地獲得客戶們深刻的信任和理解，就算他們面臨人生中最艱難又充滿變數的時刻也能放心。

我們錯就錯在把親密關係視為非黑即白的二元，如同印度占星家向來認為男女配對只有好壞之分。僅僅數年前，我們還曾以類似的方式思考智力——認為有些孩子天生就是聰明，有些則天生資質較差。

直到卡蘿．杜維克提出成長型心態理論之後，我們對智力的看法才產生改變。她清楚指出智力就像肌力一樣具有可塑性。[37]我們如今也來到了相同的轉捩點，需要重新思考面對親密關係的方式。

內在親密關係成與敗的界線，比我們想像得要模糊許多。歸根究柢，這取決於我們是否要重燃親密關係中的驅動力——而我們確實擁有這項能力。

第五章

教養與內在驅動力：從直線前進到迂迴曲折

不久前，我們把孩子養大，他們才好替我們工作，
像是務農或顧店之類的……
沒想到現在卻變成我們要替孩子工作！

——偶然聽見倫敦地鐵上一對情侶的對話（2019）

「這一代的年輕人眞的完蛋了。」

對我說這句話的一對夫妻都是成功的專業人士：老二、老三就讀於倫敦的頂尖學校，大女兒則是劍橋大學大二生。我與阿伊達在他們寬敞的花園中小酌聊天，內心都深刻感受到對眼前豪宅的欽羨。

「我的意思是，這一代的年輕人眞的沒辦法保持獨特或與眾不同，」這對夫妻中的先生繼續表示：「他們光是滑著社群媒體，就會意識到外面的世界有人跟他們一樣，但是更厲害、更優秀。」

原來，這對夫妻有一名女兒在接受心理諮商。她看似生長於我認知的理想家庭環境，親子關係穩定、充滿關愛——我們短暫見過一面，女孩的表情極爲專注。在倫敦的高檔郊區，看心理諮商師正迅速成爲新的社會常態。

母親告訴我們：「我女兒堅持要我參與諮商。也許她覺得只有在諮商的時候，我才會認眞聽她說話、覺察她的感受。」

我們的孩子目前生長的世界可謂前所未有地富裕、開放，人與人的關係密切。但是，當前的思維帶來的壓力，以及直升機般的當代教養方法，對孩子與父母來說，都是沉重的負擔。

倫敦首度因爲新冠肺炎封城之後，不過短短兩週，我身爲人父的腦袋再次被周遭所見的一切嚇得暈頭轉向。猶記得兩週前，我還在網球場外等兒子上完網球團體課，當時很慶幸他終於又可以打球了。然而，周遭其他的「網球父母」卻顯得非常沮喪。

「老實說，我反而比較喜歡封城，」一位父親告訴我：「這樣我就不必忙半天了。」他口中的「忙半天」是指耗費整個下午，開車載著孩子趕場一個又一個的活動。他又說：「封城生活就遠遠沒有這麼『制式化』，我可以花更多時間陪孩子，眞正參與他們的生活。」

對他來說，「新常態」感覺沒那麼「新」，而是比較像「常態」，其他在場的爸爸媽媽也所見略同。

我、阿伊達與兩個小兒子，有幸住在倫敦東北邊綠樹成蔭的郊區，相對安靜又交通便利。我打從內心認定自己是倫敦人，熱愛倫敦的多元化與漫無邊際，也喜歡在倫敦的陌生地段迷路好幾個小時。我好愛倫敦五花八門的餐廳、藝廊與劇院。

但我和阿伊達偶爾還是會討論簡單又靜謐的生活所富含的魅力，通常是指住在海邊（我們兩人都在海邊長大，阿伊達在摩洛哥的拉巴特，我在沙烏地阿拉伯的吉達）。這些討論往往肇因於我們周遭競爭激烈的倫敦「教養泡泡」，以及這對孩子和父母造成的壓力。我們就如時下許多父母一樣，執著要讓兒子就讀「對的」學校。

以此等競爭環境來說，倫敦甚至稱不上最嚴重的城市。我曾與加州矽谷帕羅奧圖等地的巨富家族第三代或第四代成員交談。矽谷具有無比激烈的競爭文化，由此也引發不少社會問題，迫使這些望族許多成員遷居別處。我認識一位朋友已帶著妻子與五個孩子搬到西雅圖附近一座小島上，他表示孩子們可以在此過著正常又沒壓力的生活。

無論是倫敦或帕羅奧圖，當今世上似乎有個普遍的病徵：孩子承受著更大的焦慮，其源頭是自認不夠好的深層恐懼，尤其是達不到身旁的人（包括身爲父母的我們）所設定的標準。

歸根究柢，身爲家長的人必須對此承擔部分責任，而不是怪罪學校。現今，學校不得不依循「家長選擇」的遊戲規則。因此，學校得設法在OFSTED查核與學術排名的制度中生存與「競爭」。

但實在不必如此。

直升機與鏟雪機父母造成孩子莫大傷害

本章中，我們會逐一檢視這些趨勢，探討如何重燃父母的內在驅動力，進而喚起我們孩子的內在驅動力。身爲兩個兒子的父親，我可以證明現今爲人父母有多困難。本章要傳達的意旨是，我們值得擁有充滿希望的未來——這不僅是爲了我們的孩子，更是爲了我們自己。

現今，已有數十項嚴謹的研究清楚顯示，直升機式的教養（又稱爲「過度教養」），已是金字塔頂端父母的通病，不論從短期或長期的角度來看，都會對我們的孩子造成莫大的傷害。然而，我們也曉得，「缺席」的教養風格（往往是現今數十億弱勢父母的唯一選擇），同樣會產生問題，甚至有更多問題。對此，我們會在本章更加深入地研究。

或許過度教養當中也有父母自戀的因素：凡事爲了孩子好，其實也是爲了我們好，同時滿足內心的自我。詩人紀伯倫曾提到：「你的孩子不是你的孩子。」❶但是這句話在現今似乎多半被父母當成耳邊風。

本章中，我想問自己如何才能成爲下一代眼中優秀的父母。我認爲，爲了孩子也爲了自己，父母有責任找到更完善的方法。我會運用「使命感」「自主權」和「專精度」來診斷父母困境，並制定一些解決方案。

現今，父母如何看待養育子女的使命感？這與他們如何看待童年使命感有什麼關係？我們不妨先退一步來回答核心問題，以奠定討論現代教養方式的基礎。

「直升機教養法」基本上認爲教養的使命是替我們的孩子排除障礙，因爲障礙只會拖延他們因應避不了的未來。「直升機教養法」一詞是海姆．吉諾特（Haim Ginott）在一九六九年所提出。❷接受她訪談的青少年表示，父母會像直升機一樣在頭上不停地盤旋。保護過度的直升機父母過度參與孩子的生活，進而阻礙孩子的獨立發展；一旦出現難關或不自在的跡象，父母就會立即介入處理。

另一項值得注意的趨勢正在同步發展：外包——比如外包給芭蕾舞教練、家教、當然還有（前文提到的）諮商師等。雖然情感的隔閡並非直升機教養的必然結果，但這造成的現實壓力減少了親子培養感情的時間與強度。這也可能導致本章開頭的例子——父母得聘請諮商師，才能與孩子開誠布公地對話。

美國矽谷的樞紐帕羅奧圖則有極端的例子，說明直升機教養法的可能後果。過去十年內，帕羅奧圖車站出現大量自殺事件，當地民眾與政府都認爲需要長久派遣人力站崗。企圖自殺的幾乎都是青少年，其中大多是科技圈高學歷又高薪的主管兒女，或是銀行家、律師與醫師的小孩，許多人的所得與財富更是位居全國前一%，即旁人眼中衣食無憂的年輕人。

巡邏軌道的警衛大部分都是西班牙裔或非裔美國人，他們住在軌道另一頭——治安欠佳的東帕羅奧圖或更邊緣的地帶。他們想方設法在這個堪稱全美最高檔的社區賺錢養家。在大多數國家中，窮人老是得受雇來照顧富人的小孩。現今，他們的工作則是要避免這些小孩自殺。

根據由當地財產稅收慷慨資助的多項調查指出，當地公立學校（全是美國菁英的學校）超過一二%的高中生曾認眞考慮過自殺。青少年的壓力與焦慮是當前矽谷人人談論的流行話題，不亞於調酒聚會上引發激辯的投前估值與人工智慧。這一切發生的速度之快，就連矽谷最靈活的新創公司也望塵莫及。

現代的育兒和教養方式正在出現什麼變化？兒童教養專家克莉絲汀・葛羅斯—駱（Christine Gross-Loh）研究了美國父母與其他國家父母之間的差異後，得出一項結論：「美國人最大的特點——相信未來有無限的可能，就是把我們這些父母逼瘋

的原因。」❸

有錢有勢的父母，比如住在帕羅奧圖的父母，如今正從直升機教養法「畢業」，轉而採用取全新的「鏟雪機教養」，即父母主動地預先鏟除所有可能的障礙與阻撓，以免孩子受到任何影響。近來最典型的例子是南加州大學的招生醜聞：數十位富裕的美國與中國家長，其中包括電視影集《慾望師奶》當紅演員，以間接賄賂的方式，花數十萬美元高薪聘請「申請入學家教」。

我與艾米．帕瑞克（Amee Parikh）在新加坡共進午餐時，她說：「你想想看，醜聞爆發後，南加州大學錄取率反而大幅上升，亞洲的家長更是會心想：『如果每個人都想把小孩擠進這間大學，代表它一定有非常厲害的特色』。」

艾米和丈夫阿卡許（Akash）經營阿曼莎資本（Amansa Capital）這家成功的資產管理基金公司，於新加坡與孟買兩地設立據點。她表示：「眞正的問題是，『夠好』不再是『夠好』了。想學瑜伽的孩子會有家教直接到府。到瑜伽練習室上團體課有什麼不好？孩子說不定年僅十五歲，就得到銀行與金融基金實習——當然都是透過父母的關係。這一切的意義何在？十五歲就進金融公司的話，你很可能會成爲同事眼中釘，或凡事礙手礙腳。」

康乃狄克大學教授莎拉．哈克尼斯（Sara Harkness）曾設法說明這些趨勢，於是寫道：「我們自認需要逼孩子充分發揮潛力，部分是出自個人的恐懼，害怕孩子在競爭日益激烈的世界中失敗，畢竟無法指望父母那一輩能仰賴的資源。」❹其他研究人員認為，若社區或城市中有來自中國或印度等地的移民父母，更容易激發帕羅奧圖等地的美國父母內心的焦慮和困惑，因為他們隱約會擔心，自己的孩子現在得與新一批「更具野心」的移民家庭「競爭」。

無庸置疑的是，這類對於競爭的擔憂正在消磨父母的驅動力。美國西北大學經濟學教授馬蒂亞斯．德普克（Matthias Doepke）開創了「育兒經濟學」這個全新領域。❺他發現，在較不平等的國家中，教養方式（富裕父母尤其如此）更加強硬；也就是說，更野心勃勃、更像盤旋不走的直升機。

印尼的教養方式也差不多。常駐印尼首都雅加達的親職教養顧問蘿西塔．特胡西賈拉納（Rosita Tehusijarana）就表示：「家長真心覺得自己千辛萬苦才走到這一步，於是想盡辦法，避免孩子經歷同樣的冤枉路。」

蘿西塔分享自己教養的親身經驗。「我女兒錄取一所外國大學……這完全都不在我們計畫中……我們根本沒有存這筆錢。大多數人遇到我的狀況，都會拉下臉向有錢的親戚借錢，或向銀行高額貸款，或多扛兩三倍的值班。我們完全反其道而行，只告訴女兒，一切順其自然，該來的就會來。一年後，她果然順利入學，最終也籌到學費，同時她還休學一年當志工、參與實習。」

我內心對於這一點抱持部分懷疑。在這樣的情況下，我們身爲父母的角色難道不應該盡量做出犧牲嗎？但蘿西塔告訴我，這只會導致惡性循環。「後果就是，父母爲了賺取收入，整個晚上都在工作，只有週末才看得到孩子，之後孩子出現行爲問題——因爲他們眞正渴望的是父母的愛與關注。這也導致了科技產品的泛濫，對孩子造成莫大傷害。」

曾任史丹佛大學新生學院院長的知名親職親養作家茱莉．萊考—海姆（Julie Lythcott-Haims）分享許多例子，說明父母頂多暫時替孩子排除，但遲早會出現臨界點。❻她分享一個案例：有位畢業生獲得華爾街一份人人欽羨的工作後，隨口向母親提到自己平時得工作到三更半夜。母親便打電話給他的老闆，抱怨爲何要讓兒子如此辛苦；隔天，她的兒子就被解雇了。其他案例包括：有名史丹佛大學準博士生竟與母親共同參加面試；另一名史丹佛大學生早上都是父母叫他起床、提醒他當天課表。

排除孩子絆腳石的舉動令人肅然起敬，但父母自己恐淪爲孩子進步的絆腳石。這類單刀直入式教養法破壞了親職教養的眞正使命——對富人尤其是如此，但它愈來愈成爲高低收入家庭的常態。這囊括了幾乎所有社會經濟圈的父母對於學歷成就的看法。

斯內荷．榭思（Sneha Sheth）是印度裔美國人，創立了非政府組織「Dost」，宗旨是讓父母更全面地參與子女教育。Dost的工作深入德里貧民窟與其他印度城市，類似我們在第一章看到的環境。

斯內荷素示：「電視與社群媒體對孩子的影響力太大，他們還要應付同儕的壓力。以前在村子裡，孩子受到多方照顧的潛移默化，但現在的父母卻是感到更加孤獨和無助。」

斯內荷的同事克莉希納．夏爾馬（Krishna Sharma）直接與低所得父母合作。她表示該組織最關注「padhai」，即學業教導。她說：「孩子才三歲就被送進補習班，三到七歲不但要上學，還要去補習班，之後還得在家中讀書。」

某種程度上，這點可以理解。這些新興中產階級父母爲了子女莫不砸下大錢。我曾親自進到德里的窮人家內，屋子前面擺了兩個罐子，裡頭裝著該戶人家的每月儲蓄；一個罐子用於食品、住宿與生活用品，另一個罐子只存放學費。（但正如我們所見，印度雖然在全國各地蓋了一百萬所免費的公立學校，但許多中下階級父母若能選擇，還是寧願每個月花費幾英鎊，把孩子送到收費偏低的私立學校就讀。）

此地的父母認爲，玩樂根本就是浪費時間。Dost 訪查的大多數父母都表示，親職教養的時間主要用於協助孩子完成回家功課。

但大量的研究表明，玩樂其實對兒童的全方位發展至關重要，從身心健康到學業成就都是如此。蘿貝塔・米西尼克・葛林考夫（Roberta Michnick Golinkoff）和凱西・赫胥—帕賽克（Kathy Hirsh-Pasek）進行全面的文獻回顧後發現，玩樂的獨特之處在於整合身體、社會、情感與創意領域。❼ 這正是終生學習的關鍵。舉例來說，她們提到米歇爾（Mischel）等人二〇一一年的一項研究顯示，幼齡（通常指接受正規教育前數年）的執行功能（或衝動控制）可用來推測日後一連串的事件，像是大學學力測驗（SAT）分數、健康與藥物濫用預防情況。❽

學業成就未必是事業成就的入場券

前文提到的雅加達親職教養諮商師蘿西塔．特胡西賈拉納表示：「此地的中產階級父母十分關心學業問題，眞的是關心到不行。他們提供五花八門的外在獎勵——我根本覺得是賄賂——來達到目的，像是去迪士尼樂園玩、買最新的PlayStation主機，一切都是爲了要小孩在班上名列前茅。」茱莉．萊考－海姆抨擊這個趨勢本質上就是「抵押的童年」；換句話說，父母強迫自己的孩子犧牲童年，換取未來成功的虛假「保證」；但這段時光理應是孩子最爲快樂、影響個人發展最深的階段。

學業成就會是獲得亮眼工作、甚至更高生活水準的入場券嗎？對於印度這類快速成長的新興國家，我們確實曾如此認爲。過去數十項研究顯示，連續受教育時間的長度與終生所得密切相關；但這些研究幾乎都是追蹤整群孩童，而不是長期追蹤個別孩童。美國喬治城大學教授吉什努．達斯（Jishnu Das）首度蒐集到個別孩童的長期資料。這項研究方法得以檢視個別人生錯綜複雜的發展，而不是只看到孩童的「平均」模式，個人化與細膩程度遠遠超越以往的研究。達斯在我們共同參與的研討會上曾分享這項研究，它顯示，教育程度與文憑似乎無法像我們以往認定的那樣，用來說明多年後孩童在勞力市場上的表現。換句話說，學業成就只是預測事業成就的眾多因素之一。社交關係與地位似乎也持續發揮作用——具社交優勢的孩童往往也有其他優勢，包括人脈與自信。對於不同背景的年輕人而言，這可能不大公平，但確實意味著把學業成就視爲萬能不太明智，特別是對於來自收入相當於或高於國民平均所得家庭的孩童。這也顯示，家長與學校需要考慮培養孩童更多元的面向，包括自信。希望本章能提供一些落實的想法。

假如我們退一步，不以上述的學術角度，改從內在驅動力的觀點看待問題呢？當初的基本目標，難道不是希望孩子們快快樂樂上學嗎？愈來愈多的研究支持英國哲學家伯特蘭．羅素（Bertrand Russell）數十年前所寫：「我心目中的美好人生是快樂的人生……我的意思並不是美好導致快樂，而是快樂會帶來美好。」❾羅素所言早於「活在當下」——即當代「正念」的基礎——以及時下非常流行的「心流」觀點。「心流」一詞是由米哈里．契克森米哈伊（Mihaly Csikszentmihalyi）所創造，指一個人完全沉浸於某項活動中，進而產生顚峰的表現。❿

然而，目前令我們百思不解的問題是，快樂與學業成績之間究竟有何關係。研究人員沃爾許（Walsh）、博姆（Boehm）與柳博米爾斯基（Lyubomirsky）回顧了一百七十多項針對兩者關係的實驗性、縱貫和橫斷研究，得到的結論是：「大量實驗證據顯示，快樂的人比不快樂的人表現得更好，正向的舉止可能是主因。」⓫

簡而言之，校內獲得的快樂其實可能較當初想像得更為重要，是足以左右學業成就的因素。那又是什麼促成校內的快樂呢？答案逐漸指向學生的參與度。

澳洲孟席斯醫學研究院（Menzies Institute for Medical Research）研究人員率先提出了「學校參與指數」。⓬該指數的計算是根據對孩童進行的調查，藉此了解他們的學習動機、歸屬感，以及在學校和體育活動的參與度。研究人員發現，每單位的學校參與度攸關未來二十年內取得義務教育之後學位的機率，獨立相關性會增加一○％。凡是投身校內活動的孩童，較有可能繼續從事專業或管理方面的工作。

著名心理學家亞當．格蘭特在《紐約時報》上發表了一封信引發外界關注。⓭他根據數百項研究（從中小學一直到大學）論證了參與和主動學習的優點。

若孩童在學校的參與度較高，就更有可能感到快樂，進而取得學業成就。積極參與還可以實現已故的知名國際教育專家肯．羅賓森（Ken Robinson）所提的「找到個人天賦」⓮：即能挖掘既定科目之外或課外領域更多元的智能。這種「天賦」到頭來又可以繼續提高參與度，讓人更爲快樂，打造一個良性循環。如此一來，就有可能一路成功順遂。

鏟雪機教養法的問題在於，家長往往把學業目標當做最終結果，試圖找到最短捷徑達成目標。我們很可能漂亮地取得學業成就（運用死記硬背等方式或家教等外部資源），但並沒有發展同等重要、甚至更爲重要的中間能力，比如思辨能力或深度好奇心的能力，或在過程中逐漸培養出的參與感與心流。我們的考試制度難以衡量這些能力，至少不夠靈活，所以很容易就完全忽略這些能力，並一味地關注學業成果。

我可以想見許多家長（包括我自己）面臨著單純的窘境：我們的孩子難道不需要高分通過考試嗎？

說來可悲，孩子仍然有此需要。新冠肺炎疫情肆虐導致許多考試不得不取消，迫使許多國家教育單位重新檢視考試的價值。研究人員傑克・羅西特（Jack Rossiter）和麥特・寇久・艾波瑞（Might Kojo Abreh）調查了許多開發中國家的考試模式，發現除了學生的能力和動機，以及他們的受教品質之外，還有許多其他因素影響考試成績。換句話說，考試可能並不像我們常以爲的那般「客觀」。[15]

這對身爲父母的人有何實質含意？基本上，我們得把考試當成保健因素——孩子無論如何都要通過的必要關卡，但更重要的是關注孩子用什麼方法通過考試，這會決定他們能否培養出終生學習的動力與熱愛，這才是眞正能幫助他們走出學校後闖出一片天。

艾菲．柯恩在書中舉了一些精采案例，說明孩子如何（套用他的話）「迷上學習」，並提供家長、教師與孩子許多實用策略。⑯他嚴詞批評當今美國課堂上常使用的「胡蘿蔔與棒子」（即讚揚與懲罰）策略，認爲這只是輕鬆卻粗劣的手段，無法眞正提升學生的參與度。他主張，成績的用處是當做定期給予教師、孩子和家長的資訊回饋來源；但若把成績當成學業表現的外在誘因或獎勵，可能就禍害不淺。

我們在第二章已看到了問責與績效措施，比如OFSTED視導與學校排行榜，對教師驅動力的部分影響。家長同樣要警惕那些學業「排行榜」，它只顯示絕對水準或成績，聚焦在通過公開測驗或取得亮眼成績的考生比例。大部分成果只是肇因於當初先挑選過孩子。觀察經濟合作暨發展組織（OECD）的PISA測驗——各國挑選一批孩子參加的共同測驗，用來提供跨國比較——會發現一項較不爲人知又卑劣的祕密：世界各地許多「頂尖」學校，除了挑選帶來的影響外，幾乎沒產生教育學者口中的「加值」效果，無法讓孩子受惠。這不僅是在挑選孩子，（潛藏的）含意也是在挑選家長的背景。兒童專家保羅．托夫（Paul Tough）也提到另一個值得關注的現象：許多著名的美國私校雖然能成功地讓學生繼續待在社會階級頂層，但縱然這些學生大多擁有特權和優勢，畢業後在不同領域或學門帶來創舉，或對世人做出眞正有意義的貢獻，卻是少之又少。⓱ 因此我們要更加嚴格的檢視所謂的「頂尖學校」——以及世界各地的學校。

我們在STiR認眞思考如何培養孩子的內在學習驅動力。我們打造了一些工具，明確衡量孩子是否願意上學、是否信任教師、是否在情感上覺得安全，方法是評估簡單的行爲，例如孩子是否積極向老師提問、是否認眞投入課堂活動。我與全球發展中心的戴夫．埃文斯（Dave Evans）在他華盛頓辦公室見面時，他也說以上都是明顯的特點，卻鮮少有嚴謹的研究進行評估。

看到美國「沒有任何孩子落後」法案與英國權力過大的OFSTED等立意良善政策，我最大的擔憂莫過於：兩者也許減少了學校之間在學術上的差異，卻是透過縮減課程（與公然以考試領導教學）來達成。

與此同時，我們卻繼續讓孩子們過度學習特定學科的內容，減少他們接觸的課程廣度，造成教師無法專注於原本的核心角色，即與孩子建立深刻、眞誠又人性化的關係——這正是史蒂夫．希爾頓（Steve Hilton）在《更爲人性》（*More Human*）一書的論點。[18]舉例來說，印尼小學生共有十六個官方指定學科，進了中學要讀的科目數量也差不多。印尼教育專家認爲，教師只能運用要學生背誦的方式，把所有學科進行「蜻蜓點水」帶過，幾乎沒有時間做其他活動。因此，任何深入或有意義的學習機會都隨之喪失。我曾參訪過印尼前首都日惹（Yogyakarta）一所學校，這所學校在全國測驗成績名列前茅，但孩子絕大多數都坐在課桌前，低頭把老師講述內容抄在課本上。

就連達賴喇嘛也表示，孩子與父母之間存在著使命感危機。他認爲，孩子（與父母）變得太過自我中心，根本可說是徹頭徹尾的自私。他在《最後一次相遇，我們只談喜悅》中闡述了這一點：「問題在於，我們的世界和教育仍然只關注外物的價值。」[19]

我要澄清的是，我並不是說學業能力不重要。我們都需要能有效地進行讀、寫與算術，熟稔歷史與科學等重要學科。但美好的童年應該遠遠不只如此。

我們都聽說過「虎媽虎爸」之類的危言聳聽故事——父母難免都感受競爭的壓

力。蔡美兒在引發議論的文章〈華人母親何以更勝一籌〉中表示，典型的亞洲母親不會讓小孩與朋友玩耍或住朋友家，而是專注於學業與音樂。[20]親職教養作家艾絲特．沃西基（Esther Wojcicki）的三個女兒都成就斐然，其中一位是YouTube現任執行長，她就說到自己與蔡美兒在專家小組會議上針峰相對的事。艾絲特最終被對方嘲笑並貼上「熊貓父母」的標籤，只因為她的教養法溫和許多。[21]但可別被媒體的噱頭報導給耍了。

研究顯示，虎爸虎媽的問題是，孩子最終鮮少獲得幸福或成功。因為一旦脫離這種教養法的控制，多數孩子到頭來都會變得疏遠。德州大學副教授金洙英（Su Yeong Kim）完成了一項長達十年的詳盡研究，對象是三百個亞裔美國人家庭。[22]她發現，相較於採取較傳統教養法的父母，虎爸虎媽的孩子成績較差、情緒問題較多，而且更容易與父母疏遠。

若我們只以學業成就這個狹隘眼光看待童年使命感，恐怕會把單一「保健因素」（儘管重要）擺第一，而忽略眞正能激勵與幫助孩子活出充實人生的因素。

教養「外包」，父母喪失自主權

前文提到，愈來愈多父母把教養的重要面向外包，導致父母喪失了自主權，也更難以幫助孩子發展眞正的自主權。

若你覺得倫敦這類城市格外不適合把教養「外包」，那可以看看人口成長最快的非洲各國，當地中產階級的教養外包趨勢更為明顯。

布蘭達．阿基特．奧蒂卡（Brenda Akite Otika）是烏干達快速成長的專業階級一員。她出生於首都坎帕拉，但要在她熱愛的國際發展部門總部找到職缺十分困難。布蘭達只得在更偏遠的村子工作，直接與烏干達人所謂的「鄉下」人口接觸。後來她懷孕了，前兩年才有名同事難產死亡，所以她說服了當時的雇主，讓她在懷孕期間主要待在坎帕拉工作。布蘭達平安順產後才回到鄉下工作，也一併把保姆和小寶寶帶了過去。但後來孩子反覆生病，只得另想辦法——原因包括衛生（水瓶經常遭污染），以及泥巴路太過顛簸，傷到孩子的身體和胃部。布蘭達就開始把小孩（現在是兩個）托給住坎帕拉的父母照顧，週末回城時再去接小孩。

這項做法的缺點是孩子後來就不太想見她。一旦習慣了新的住家環境，孩子們現在只要外公和外婆的陪伴。布蘭達擔心自己與孩子日常接觸不夠，因而產生了深刻的內疚感，於是雇了長期看護來照顧孩子；換了新工作之後，她便可以較常住在坎帕拉。

有天晚上，她說自己接到一名陌生男子的電話。他正在她家外頭街上鋪設電線，透過她家樓上的窗戶看到兩名女兒身旁無大人陪伴。當時已是晚上九點半，布蘭達才剛結束一場會議，正在回家路上，原來看護早已打包走人，留兩名女兒獨自在家。

現今，布蘭達的女兒分別已滿八歲和六歲，都就讀於寄宿學校，因爲布蘭達覺得自己工作壓力沉重，寄宿學校才較能確保孩子受到良好的教育。在烏干達形形色色的學校中，那間算是中等水準的學校，布蘭達正在進行儲蓄計畫，希望未來付得起更昂貴學校的學費。她每週都會與兩個女兒通電話，盡量每兩週去探望她們一次。

布蘭達的夢想是兩個女兒擁有快樂又完整的童年，更希望她們獲得高額獎學金，順利進入政府資助的公立大學，就算進入私立大學也能享有減免費用。但她知道，其中隱藏著巨大風險。她告訴我，烏干達的寄宿學校有大量學生誤入歧途、接著就輟學並被開除學籍。部分父母花上更多錢「矯治」孩子，但費用根本超出他們的負荷；部分父母則完全放棄了孩子。即使孩子的學習成績優異，也不見得能進入理想中的學校，因爲另外有些父母會賄賂校方而霸占了名額。

我訪問了另一位家長布倫達・納穆林達（Brenda Namulinda），她的孩子就讀烏干達寄宿學校。她告訴我，自己學會了「識時務」。她看到許多校內的嚴重霸凌事件或衛生欠佳的狀況，假如只申訴一次，舍監通常會受理。但若反應得太過頻繁，孩子就很有可能遭到報復——成爲其他孩子或教職員的眼中釘。

但選擇不供宿的學校也沒有好到哪去。就讀坎帕拉任何一所水準以上的學校，通常意味著早上四點被校車接走，晚上九點過後才回得了家。家長要承受的壓力，對母親來說感受最深，因爲烏干達的父親通常認爲教養是女性的責任，無視大多數女性也是全職工作這項事實。前述兩位女士都告訴我相同的事。

在其他新興國家中，低所得父母更常運用「完全外包」的教養方式。Dost創辦人斯內荷・榭思認爲，現代印度低所得父母的行爲宛如消費者：付了學費就希望學校「搞定一切」。這代表從學業成績、價值觀、品格到個性發展無所不包。全印度有三十多萬所學費低廉的私校，也漸漸把自己定位成猶如印孚瑟斯（Infosys）或威普羅（Wipro）之類的印度ＩＴ外包公司。

雖然這種「完全外包」的趨勢在新興國家更常見，但富裕國家中的貧困父母也如此就值得玩味。美國特許學校運動便可用來說明，而「知識即力量計畫」（Knowledge is Power Program，以下簡稱KIPP）就是當中最早的例子。多年前，ＫＩＰＰ共同發起人麥克．芬伯格（Mike Feinberg）造訪印度時，帶給我滿滿的收獲。他們當時已成果豐碩，比如絕大多數ＫＩＰＰ學生最後都順利就讀大學。但ＫＩＰＰ模式當初之所以有效用，是因爲由學校提供嚴謹的制度，藉此彌補家庭教育的不足。這代表孩子上學時間往往比傳統學校多出數小時。孩子就讀ＫＩＰＰ學校時，這項方法十分有效；但等他們上大學後，往往會碰上困境。少了原先的制度與支援，許多ＫＩＰＰ校友最終都沒能讀完大學。

第二章提到的已故哈佛商學院教授克雷頓．克里斯汀生把這項外包趨勢，與爲一九九〇年代企業外包狂潮相比擬：當時企業迫於壓力要減少資產，專注於「核心競爭力」（此爲管理學術語）。

克里斯汀生以電腦公司戴爾當做警世案例。戴爾當時把愈來愈多業務外包給其亞洲供應商，最後喪失了組裝整台電腦的能力，亞洲供應商隨後開始推出自己的電腦產品，直接賣給消費者。戴爾花了多年時間才走出挫敗。

這個案例可當成父母的警鐘，只是其中略有差異。對於部分父母來說，一切（凡是出於需要）都得外包，最極端的例子就是連幼兒都送到寄宿學校。直升機父母可能會主張，雖然他們把教養的個別部分都外包（給老師、家教和網球教練等），但仍然保持著高度監督。畢竟，這正是直升機父母的定義——不斷地盤旋在上空，一有不對勁就立即介入。

然而，克里斯汀生提醒，直升機父母的掌控感不過是假象。直升機父母在情感上鮮少眞正深入了解孩子，因爲他們缺乏時間：想想先前母親、女兒和諮商師的故事。親子最終可能會在情感上疏遠和抽離，只在需要時介入，或乾脆直接替孩子解決問題。但儘管有其缺點，直升機教養法是全世界較不富裕的父母所嚮往。非洲能收看衛星電視的中產階級，熱愛《摩登家庭》這類影集，其中許多角色的直升機教養方式都顯得雜亂無章。

這一切對父母與孩子的自主權的負面影響愈來愈明顯。美國西維吉尼亞大學兒童發展暨家庭學系副教授克麗絲汀．莫拉寧（Kristin Moilanen）主張，孩子多半有能力自行解決問題，但常常還沒來得及表現，父母就逕自介入，造成孩子以爲自己的成果是取決於外部力量，也覺得自己沒有能力獨立生活。[23]

整體來說，研究證據一再表明，直升機父母侵蝕孩子自主權伴隨而來的代價恐怕有害。佛州大學心理學者發現，直升機父母的孩子上大學後更容易出現倦怠感，從大學畢業到出社會的適應過程也更加艱辛。[24]關鍵在於時間一久，孩子覺得自己所做一切都是爲了父母，因此失去了想成功的內在驅動力。凱拉・里德・菲茨克（Kayla Reed-Fitzke）、詹姆斯・鄧肯（James Duncan）、安東尼・費拉羅（Anthony Ferraro）等學者先前的研究發現，直升機教養法往往會降低自我效能感（self-efficacy，即相信孩子其實有能力主導人生中的重要事件）。[25]

如何支持孩子在多元領域發展專精度？

我們目前對「專精度」的定義太過狹隘，幾乎完全以學校學科爲中心，難以幫孩子奠定面對人生、面對工作、更甭提面對世界的基礎能力。

簡單來說，我們花太多時間幫孩子擬定正確的「作戰計畫」（像是追求出色的成績、適合的課外活動），卻花太少時間引導孩子如何因應失敗，畢竟人生通常是計畫趕不上變化。

我訪談的多位新加坡父母，都提到一項弔詭的事。新加坡學生的PISA成績經常名列前茅，但這個城市國家的雇主卻抱怨找不到積極進取的員工。星國政府正試圖採取措施來改善現況，但在家長施壓下似乎無法揚棄一項關鍵政策：考試分發制度。新加坡學生十一歲時，會依據全國考試的成績分發到不同等級的學校，這基本上決定了他們下半輩子的命運。由於這個高風險的障礙仍然存在，難怪轉型到較先進的制度會如此緩慢。此狀況並非新加坡獨有，英國也有同樣害人不淺的「11^{+}」制度，也是殘酷地把孩子「分發」到中學的窄門之中。

曾任職史丹佛大學的茱莉．萊考－海姆回憶起與一位矽谷創業家的談話。這位創業家告訴她，他在生活中取得的一切成就都是因爲他願意承擔風險。但進一步追問後，萊考－海姆才發現他卻盡可能消除了自己小孩可能面臨的任何風險。

身爲父母，我們要怎麼支持孩子在多元領域發展專精度呢？

這一切得回到家長如何與孩子就讀的學校進行有效的合作，而且必須形成眞正的夥伴關係。單靠教師或家長難以實現這項目標。

正如前文所述，完全撒手不管、一切「外包」給教師與學校不可能有效。但對孩子施加競爭壓力（無論是放學後補習或無數課外活動），只會讓孩子誤以為一切都是校外「見真章」。家長不斷寫電郵轟炸孩子的教師，一心想發發牢騷或抱怨，很可能只會分散教師的注意力，無法專注於核心的教學工作：幫助孩子全心投入生活與學習。倫敦部分學校甚至得向家長清楚說明「親師溝通期待」的規定，提醒家長不能指望教師像大企業那般全天候「待命」。

印尼家長與學校之間的夥伴關係正逐漸走上正軌。我到日惹郊區參訪由吉米・彼得・卡勞桑（Jimmy Peter Kalauserang）牧師創辦的學校時，他強調的第一件事就是：「我們校方不能單打獨鬥。孩子與家人相處的時間，終究遠遠超過在校時間，所以教師與家長得建立夥伴關係。」

這所學校最初的雛形是吉米幫自己的孩子在家自學。如今，學校已擴大到數間教室。儘管印尼以伊斯蘭信仰為主，但這所秉持基督教精神的學校仍獲得印尼宗教部的官方補助，這實在令人佩服。這所學校最讓我印象深刻的是，家長們整天融入學校生活的方式。他們可以自由地旁聽、待在學校共進午餐。對於全職工作的家長來說，確實難以如此參與，但學校令人感到開放又親近，家長能視各自工作需求擇時造訪。不過……這種程度的公開透明與親近有項交換條件，就是家長不得「越界」；吉米與教職員的角色都會獲得理解與尊重，家長不會去「質疑」教師，儘管這在時下似乎已成常態。說也奇怪，學校一旦開放之後，吉米取得了家長的信任，從源頭減少了直升機教養法的需求。

在見證雅加達「印尼高瞻」（HighScope Indonesia）雙語學校的一天後，我更深入了解教師與家長的合作是如何提升孩子的專精度。新學年第一天，我旁聽了一場「共同目標設定」會議，討論學習目標，師生與家長簽署一份共同協議，同意於本學年著重這些目標，定期分享實施進度。這場會議有一名自閉症學生，因此學校心理師與特教老師也共同出席。師生與家長這般合作無間，實屬難得又振奮人心。

有鑑於前述所有（令人略感憂心）的趨勢，我們要學會如何反抗，第一步就是要重塑我們的核心使命。

首先，我們重新思考孩子的在校時間：他們喜歡待在學校嗎？是否熱愛學習、具有內在的學習驅動力呢？

若你關注於孩子在課堂與校內的參與度、重視他們學習的內在驅動力，孩子就更有可能成爲終生學習者。父母與孩子聊到學校經驗、是否喜歡上學時，可以強調這個重點。

卡蘿．杜維克對成長型心態的研究顯示，許多孩子對自身能力抱持固定不變的觀點，這可能會大幅衝擊他們人生的機運。然而，專注於努力與享受學習經驗本身，就可以解開這種宿命。我對此深信不疑。舉例來說，我兒子的學校就提供學生兩項成績，分別是學業上的成就與努力。但理想的情況是，努力應該是出於孩子內在的學習驅動力，而不是因爲受到諸如買PlayStation主機或到迪士尼樂園玩之類的外在獎勵所驅動。努力的源頭十分重要，孩子究竟是由內在或外在驅動呢？

因此，我們鼓勵孩子、與他們聊天的方式馬虎不得。我和母親常因爲這件事吵個沒完。每當她想讚美自家孫子時，都是因爲小孩某項作業或考試「名列前茅」。我一再告訴她，成爲全班第一是難以直接掌控的事。我給予讚美的時機，較傾向是老師說他們專注於課堂練習或特別努力。（可惜正如大多數母子吵架，我不太可能吵贏。）

拓展孩子使命感的核心是培養同理心

同樣重要的是，別忘了人人眼中學業不落於人後的「完美孩子」，只是推延日後人生會遇到的麻煩，成績優異的KIPP學校學生就是如此。

追根究柢，幫孩子培養更廣泛的使命感，也有助孩子從別人角度出發——明白自己也能在幫助他人上盡點心力。那要如何確保孩子正視自己的使命，懂得幫助與服務別人（無論是家人、同學、街坊鄰居或全世界）？答案可以很簡單，就是要求孩子幫忙做家事。研究顯示，現今中產階級家庭中，鮮少有孩子會做家事。不然，也可以仿效我兒子同學的做法：他每次進倫敦市區都會帶點食物，分送在街頭一定看得到的無家者。

拓展孩子使命感的核心是培養同理心。正如前文引述的達賴喇嘛的看法，我們的孩子往往太過關注自己，無法看到別人的世界。阿育王大學（Ashoka Univeristy）與哈佛大學教育研究所的共同研究顯示，同理心是青年在不同人生面向（例如工作與人際關係）參與度高低的有力指標。同理心較強，往往也較為善良。

這值得我們在孩子面前樹立同理心的榜樣。最近，我與太太和兩個兒子到自家附近一家法國餐廳幫我母親慶生。當天晚上，伊山又累又煩躁，老實說有夠討人厭，最後害得大夥都沒心情慶生了。一名年輕的女服務生想方設法要逗他開心，他卻絲毫不領情，還悶不吭聲。

我母親向女服務生解釋說，我們剛才坐了十二個小時的飛機。我永遠忘不了那名服務生的回答，她說：「其實，我早上六點鐘就起床了，到市議會做第一份工作。」當時已是晚上九點多。「有時候眞不知道爲誰辛苦爲誰忙。」

這只是脫口而出的一句話，甚至可說是她的自言自語，卻提醒了我，假如我們不力挽狂瀾，這一代孩子的同理心會蕩然無存。

一般情況下，我會睜一眼閉一眼，學母親拿長途飛行當藉口，替伊山的行爲開脫。但也許是因爲撰寫本章，我的觀點產生了變化。回家後，我要伊山反省個人的行爲，假如也有人在他慶生時擺臭臉，自己又會作何感想。我告訴他，我們打算取消他即將到來的生日派對，讓他好好牢記爲人著想的重要性——包括替祖母著想，也替努力逗他開心的服務生著想。

他滿臉不高興，但居然沒有反駁或抗拒。數個月後，我們眞的沒有幫他慶生，他看似也不在意（不過我和阿伊達倒是莫名焦慮）。

隔天早上，我要伊山寫一篇反省文，說明前晚帶給他的啓示，以下是他反省的內容：

我的行爲

昨天我的行爲很糟糕，完全沒考慮是要幫祖母慶生。餐點上桌前，服務生想要逗我笑，我卻擺了臭臉。而且我整個晚上都對服務生很沒禮貌，就連「請」或「謝謝」都沒說。這件事帶給我的啓示是，我不能凡事只想到自己，還要考慮到家人和朋友。我們還要替體貼自己的人著想，也要尊重、善待每一個人。昨天，我只在乎自己的感受，但是我們應該要幫助別人。未來我很願意幫助和關心每個人，避免在特殊場合對別人亂發脾氣或擺臭臉。

伊山

我認爲，孩子都曉得自己何時的行爲舉止太過分，自知之明的程度超乎我們的期待。

「爲印度而教」與「爲美國而教」等計畫讓許多大學畢業生與社會產生莫大的連結，藉由在一所偏鄉學校教書兩年，感受改變世界的道德責任。這份經驗往往讓他們終生難忘。

「爲全球孩子而教」圈子中流傳一個傳奇故事：美國國稅局有份表格對於申請大學的弱勢青少年造成極大麻煩。國稅局一位主管聽聞此事後，進行內部討論，隨即採取行動，就此讓舊式表格走入歷史，整個改變的過程僅僅數天。

這究竟是怎麼辦到的？國稅局鮮少會展現如此具開創性的精神。答案很簡單：這位主管是「爲美國而教」的早期員工。

使命感是我們可以在孩子身上培養的特質，只要有意識地確保這個使命感是廣義，而非狹義，並且打從心底予以鼓勵。

大自主權

我們愈支持孩子的自主權，孩子就愈能茁壯成長——身爲父母的我們，也愈來愈感受到動力與滿足。

理查．萊恩寫道，父母支持孩子的自主權時，「孩子會更加主動積極、抱持正面態度參與求學，身心也更加健康」。他引用的是艾里安娜．瓦奎茲（Ariana Vasquez）針對三十六項個別的親職教養研究的分析。㉖

我在前面提到父母自戀的問題，以及無法區分個人與孩子身分認同的風險。一九四〇年代以來，約翰．鮑比在倫敦塔維斯托克診所（Tavistock Clinic）的劃時代研究（詳見第四章），催生了超過兩萬項針對「依附理論」的後續研究。鮑比提出的核心原則是，孩子對於照顧者（尤其是母親）必須形成安全型依附。父母需要對孩子釋放的訊號細心予以反應，並建立雙向的互動模式。鮑比的研究發現，若在童年初期未能形成安全型依附，恐會導致孩子在日後人生中出現各種情緒上的不安全感。

依附理論儼然成爲現代親職教養的基石，也促使教學方法愈來愈轉向以孩子爲中心。當然，安全型依附（相較於上一章提到的迴避型或矛盾型）本身很好，但如今被推向極端：父母認爲自己與孩子之間沒有脫離。這意味著把孩子當成自己的附屬品，把孩子的成功投射爲自己的成功。

由此得到的啟示顯而易見：若要發展成功的依附關係，親子之間需要有所區隔。凡是看過勢均力敵的運動決賽的人都知道，自己最愛的隊伍或選手在最後一刻輸掉比賽有多令人挫敗。但我們都曉得，選手或隊伍並不是我們。這就是父母需要有的心態：有所區隔的依附。正如本章前文所述，紀伯倫筆下那句話寫得太好了：「你的孩子不是你的孩子。」

這樣把個人身分認同與成功與孩子脫離的能力，我稱爲「大自主權」。舉例來說，父母可能懷抱著當職業網球選手或板球國手的夢想，但這不代表著孩子必須代爲實現。

一旦解決了大自主權的問題，我們就能採取許多行動來培養「小自主權」。小自主權有幾個關鍵層面：空間、時間、人與決定。

我們鮮少給孩子足夠自主權決定個人空間。美國媒體曾報導，東京小孩七歲就可以自己搭地鐵旅行，引起美國社會一陣轟動，[27] 這進一步在全球推廣「放養孩子」運動。[28] 統計資料顯示，大多數國家的公共場所其實愈來愈安全，但由於媒體一味報導不幸意外，導致民眾覺得治安似乎愈來愈差，這也呼應了史蒂芬．平克（Steven Pinker）等思想家的看法，並說明爲何風險在家長眼中如此失眞。[29]

話雖如此，給予孩子空間不代表就不會有壓力。我與艾絲特．沃西基在倫敦碰面時，她剛出席《養出內心強大的孩子》新書發表會。她分享了一個好笑的小故事：她讓小孫子自行去逛平價百貨Target買東西，晚點才回去接他們。小孫子逛得很滿足，倒是她女兒蘇珊對如此放任不太高興。

給予孩子個人空間的意思是，允許孩子享受活動，父母不必緊迫盯人。美國前副總統高爾之前因為出席兒子的所有球賽而聲名大噪。過去我也是如此，兒子伊山凡是有板球比賽，我必定到場加油，但我開始撰寫本書後，因為需要更多時間寫作才缺席。我發覺自己不在現場，伊山的成績依然亮眼，說不定還超越以往的表現。如今，只有他打重要比賽時，我才會到場。

時間的自主權對現今的孩子來說是另一件罕有的事。他們趕場參加一個又一個課外活動，唯一有玩伴的時間必須事先安排。小時候，我曾在清奈與祖父母度過漫長的夏天。當時唯一政府核准的頻道全印電視台（Doordarshan）每天都有半小時的英語節目。我一下就學會在街頭上玩板球，還有一天內讀完一本書。對孩子來說，找事來消耗精力和排遣無聊無比重要。

賦予孩子自主權意思是讓他們接觸形形色色的人。沃西基認為，美國孩子與祖父母相處的時間受到仔細控管，因為父母會擔心孩子接觸不同的教養方式，尤其是祖父母常鬆綁原本的常規。據我觀察，英國等已開發國家也出現類似的趨勢。但幼兒時期接受不同教養最大的好處，就是孩子可以接觸到多位照顧者與親友好友。這點同樣適用於友情。我兒子學校有位家長想方設法要控管她兒子的「死黨」，認可的標準完全是她自由心證。這毋寧阻礙孩子學習如何與不同的人互動和打交道。

最後，我們應該努力賦予孩子們自主權，即使是小決定也不例外，比如把全家購物清單交給孩子，要他們按照清單找到最棒（也最超值）的產品。這是我和阿伊達到超市購物時開始嘗試的方法，目前似乎非常有效，尤其能幫助孩子思考如何按眞實預算來做決定，明白自己不可能隨心所欲地亂買。

只要能提升自己孩子的自主權，多少都會有幫助。舉例來說，我和阿伊達已嘗試每逢夏天就到STiR服務的國家住上好一段時間，代表我們會把孩子帶在身邊，盡可能讓他們在當地學校就讀一個月，目前已住過烏干達、印尼和印度。這並不是爲了獲得學業上的好處，而是這麼做有助於他們學會快速適應，同時認識新朋友、新文化，進而催生自信與同理心。我們何其有幸，可以給孩子這類經驗，但願這會成爲他們童年一段難忘的回憶。

我們的旅途中印象最深刻的一件事，當屬倫敦孩子鮮少有機會在沒有監護人或控管的情況下，與同齡的朋友一起玩耍娛樂。在新加坡時，我們住在一名好友家，兒子們立即與其他二十多個孩子打成一片，共同在東海岸公園嬉戲。這些孩子的父母多半讓他們自行玩樂，不會加以干涉。這項方法之所以奏效，是因爲團體中的大孩子會負責管理，而且活動都在父母視線和聽力可及的範圍。我們發覺，兒子們大幅培養並學會了獨立自主的能力，包括懂得直接與其他孩子處理問題和衝突，而不是指望成年人來介入。我們回到倫敦後，就努力想要如法炮製。

父母對於專精度的心態

最後，我們要探討父母對於專精度應該建立的心態，以及我們想要孩子培養的專精度。

目前爲止所見的極端教養法，無論是直升機或鏟雪機，都有個共同主軸：假定孩子的人生軌跡可以是、也會是一條「直線」（若我們是夠優秀的父母），眼前會有一條清晰的道路，可以安全地抵達幸福又成功的人生。

然而，正如本章前文所述，學業成績與人生成就之間只有部分相關，並不足以窺見全貌。這也呼應了我的個人經驗。那些劍橋大學或歐洲工商管理學院畢業後在社會上「最成功」的同學，往往不是學業成績優異。此處的成功是按照外在定義，例如：財富或社會地位。學術成就輝煌的人也不見得生活或工作一定更幸福或充實。

我有位劍橋大學的同學自殺了。畢業一年後，我在他的喪禮上難過掉淚。他是來自東亞的同志，生前受到身分認同的問題所困擾，而大學生活提供了保護的「泡泡」，無法協助他做好面對問題的準備，他也缺乏向人吐露心聲的自信。

我們想盡辦法要畫出一條不存在的直線，但這麼做根本是在欺騙孩子，導致他們無法認識眞實世界的本質。

父母對於專精度的心態，不應該著重於打造（或暗自祈求）一條直線。我們應該接納孩子的人生必然是呈「之」字軌跡——接納隨之而來的不確定性。因爲，這會是眞正讓孩子保持活力與驅動力的關鍵因素。

我們可透過兩大方式來達成。首先，父母要以身作則。曾任職於慈善投資機構歐米迪亞網絡（Omidyar Network）的維尼．布卓（Vineet Bewtra），是我投身慈善工作期間打從心底敬重的前輩。維尼提到創業家在不同會議講台上會一再分享「成功故事」，而且往往以線性方式（事件之間連結得順理成章），述說一切當然都是多虧自身的智慧和出色的決策。但維尼指出，創業鮮少是直線發展，我自己的創業經歷肯定能予以佐證。維尼引用了拳王麥克．泰森（Mike Tyson）的格言來說明創業和人生：「每個人原本都有計畫，只是後來被變化打得滿地找牙。」

成功創業在於知道必然躲不過黑暗，比如有時不得不做出些決策，惹怒你深深敬重和關心的人，或明明已節節敗退，卻仍撐著不肯認輸。我們帶領STiR的九年內，資金已算相對充足，但至少三次陷入財務窘境、差點關門大吉。

我們常常把同樣的「成功故事」投射在孩子身上。我對父母在養育上付出的用心與關愛沒齒難忘，但他們也把相同故事的投射在我身上。母親經常告訴我們：「我在中小學和醫學院的成績都是名列前茅。」我分享這些並無責怪的意思，當時的父母只懂得運用這種方法，希望激勵孩子立下志願、認眞讀書。

教養專家蘿西塔．特胡西賈拉納的一段話，堪稱我與父母和教育專家談話中最撼動人心的內容：「說穿了，孩子並不會聽從我們說的話，而是會學習我們的行爲。」她指的是身教的力量。

想讓孩子主導人生的曲曲折折，父母就要透過個人遇到的困難來展現脆弱的一面。這是大多數印度父母與世界上許多地方的父母，難以做到的事。我永遠都感謝父母在全家突然搬離沙烏地阿拉伯後付出的犧牲，一切都只爲了確保孩子的受教權。英國醫療制度並不看重別國的經驗，所以我父母起初不得不從事其他工作，之後再想辦法重拾自己眞正熱愛的事業。由於得適應新生活的開銷，其中包括住宿，因此他們在沙烏地阿拉伯辛苦存下的積蓄（這也是最初的驅動力）回國不久就用光了。對他們來說，那想必是段含辛茹苦的日子，可是兩人不大願意提起往事。

假如我們不坦承自己遭逢的掙扎與弱點，就會鞏固線性人生的迷思，這日後對於孩子是弊大於利。我現在都會努力向孩子分享生活的大小事，包括工作的問題──可能是捐款人或團隊成員面臨的困難，或撰寫本書時遇到的卡關（這可多了）。

我們可以做的第二件事──就像神仙教母瑪麗·包萍（Mary Poppins）──就是打造「自有品牌教養」。我最早的工作是食品業管理顧問，當時超市剛開始推出自有品牌產品，從番茄醬到衛生紙應有盡有。超市的自家產品在許多類別毫不遜色。教養也是如此。

我們在與伊山打開心房聊了以後，確定他對打網球賽並不感興趣。我承認，內心對此五味雜陳，因爲我熱愛網球，但也知道要尊重他的直覺。因此，我們決定不再參加比賽，至少停止一段時間，父子更常一起打網球當消遣。我不可能像他以前的網球教練那般優秀（所以減少「外包」程度肯定會有缺點），但如今我們有項共同休閒活動，可以體驗曲曲折折的人生。

幫助孩子享受人生的曲曲折折

二〇一八年，帕羅奧圖市政府宣布，加州鐵路（Cal Train）車站即將不再有警衛駐守，改裝設能見度達三十公尺左右的監視器。想當然耳，矽谷就是矽谷，根據政府公告，一旦有人企圖自殺，人工智慧和預測分析工具就會「通知人爲介入」。我讀到公告時，不禁萬分沮喪。市政府表面上確實解決了問題的表象，卻沒有採取行動來根除眞正的原因。

孩子與父母的處境都應該更受到重視。

身爲家長的我們該怎麼辦？我們若懂得避免拿自家孩子與別人孩子兩相比較，就應該避免也與其他家長有太多比較。臉書團體和媽媽網等網站提供實用資訊之餘，也會引發龐大的同儕壓力。我們也要警惕自己，切勿對其他人教養方式妄下論斷，尤其是不同文化背景的家長。學界針對華裔美國父母與亞裔美國父母進行調查時，發現僅少數父母採取所謂「虎媽虎爸」的教養法——這與美國父母的誇張想像大相逕庭。

我們也要養成對於專精度的意識。斯內荷·榭思目前都使用簡訊和WhatsApp訊息來鼓勵德里的家長採取良好教養法，但長遠來看，她認爲可望建立家長自助小組，由社區中經驗豐富的父母來領導。蘿西塔·特胡西賈拉納已在雅加達成立了數個類似小組，運用案例研究搭配小組討論的方式，幫助家長想辦法跳脫常見陷阱，包括過度關注學業，家長與教師之間關係失衡，以及希望剷除孩子遇到的障礙。

孩子的人生不會筆直前進。若你相信麥肯錫顧問公司與哈拉瑞（Yuval Noah Harari）等人的預測，那麼無論就科技、社會或政治的變遷來說，這個世界都會變得難以預料。

身爲父母，我們目前心心念念的事：成績、獎盃、孩子升學，應該當做是保健因素，而不是人生的一切。我們不妨放下各種教養潮流，牢記爲人父母的關鍵使命：幫助我們的孩子接納、主導，甚至享受人生的曲曲折折。

第六章

公民與內在驅動力：從各行其是到團結一致

「一個人走得快，一群人走得遠。」

——非洲諺語❶

「該是停止爭鋒相對的時候了。」美國總統拜登在二〇二〇年勝選演說中表示：「少點火氣，再次看見與傾聽彼此。我們如果想進步，就不能繼續把對手當成敵人。我們不是敵人，我們都是美國人。」❷

諷刺的是，美國選民看來缺乏團結的動力。根據《CNN》的票站民調結果顯示，二〇二〇年美國選民只有一九%希望總統「可以團結全國人民」。❸

本章中，我們會把焦點從生活的個人面向，轉移到國家與世界公民的身分。正如前文所見，影響我們個人生活的強大力量，包括「贏家全拿」的普遍現象，對於個人造成了莫大的內外壓力。這些壓力衝擊我們的驅動力與行爲，影響我們的工作表現與教養方式。

本書行文至此，已探討了個人可以消除這些壓力的方法，以及如何重燃我們個人內在驅動力。然而，切勿以爲當個單打獨鬥的曠野「獨行俠」，就足以解決我們與世界所面臨的巨大問題。

政治分析師湯姆．本特利（Tom Bentley）在智庫德莫斯（Demos）發表了一篇挑釁意味濃厚的文章——〈日常民主：政治人物爲何反映我們的水準〉。他寫道：「我們的政治文化延續了一個迷思，誤以爲強大的領導者可以單槍匹馬地推動改革。」他也指出：「眞正的領導能力不是來自頭銜的權威，而是能激勵人民去解決困難的問題。」[4]

但運用驅動力思維來因應上述關鍵問題，可以看到一線希望，這來自於我們如何重燃公民的內在驅動力，進而替我們的領導者與政治人物打造正確的驅動力。

不可諱言，這絕對不會是件容易的事。對於政治人物和民選領袖的動機與意圖，人們的信任度創下歷史新低。二〇一九年英國大選前的易普索莫里誠實指數（Ipsos MORI Veracity Index）顯示，只有一四%的英國人相信政治人物滿足了「說眞話」這項最基本的領導條件，政府機構首長在此項目的比例只略微上升到一七%。[5]雖然這些是英國統計資料，但其他各國也出現類似現象。

我們會探討公民的驅動力如何與政治人物的驅動力保持一致。部分洞見可能會出乎我們的意料，但若有心想解決我們面臨的龐大問題（如前文所述，這些問題本質「棘手」，無法簡單從技術面解決），這些洞見必不可少。

開始之前，我想先澄清一個問題的答案；這個問題也經常困擾著眾人的公民思維。政治人物最初眞的是受到使命感激勵，渴望幫助並服務公民嗎？

沒想到竟有許多強力證據顯示，平均來說他們確實如此。倫敦經濟學院教授提莫西・貝詩禮（Timothy Besley）和梅雷・加塔克（Maitreesh Ghatak）針對政治人物動機提出了涵蓋面廣的「使命」理論——政治人物將公眾生活和公職視爲使命（使命感），這項使命的重要性也超越個人利益。❻如今，這項理論已在世界各地得到檢驗與證實。其他研究顯示，主體性（自主權）、群體意識（使命感）與政治人物的個人動機高度相關。研究更表明，政治人物展現這些特質的強度，遠遠超過其他利潤導向的專業。貝詩禮和加塔克還從調查中獲得一項有趣的結果：政治人物的成就斐然時，便會產生「溫暖光輝」，這攸關我們對使命感的定義。

我與英國上議院兩位議員交談過，他們大致同意這項觀點。英國前首相戈登・布朗執政時擔任教育大臣的吉姆・奈特（Jim Knight）告訴我：「如果沒有某種內在驅動力，你就不可能成爲現代政治家。」

前首相東尼・布萊爾重用的莎莉・摩根（Baroness Sally Morgan）也同意：「我仍然在許多國會議員的WhatsApp群組中，從日常聊天裡都看得出來他們非常關心時政。畢竟，還有許多輕鬆方法能既有錢又有權。」

摩根夫人對於金錢的觀點很有意思。當然，政治貪汙仍然是許多國家的一大問題（儘管根據世界銀行的研究，大多數國家的政治貪汙情況正持續減少中）。❼但證據顯示，對於大多數政治人物來說——與我們見到的其他職業類似——金錢只是保健因素，而不是眞正的驅動力因素。

美國、芬蘭和墨西哥的研究都顯示，加薪可以吸引不同學歷背景的候選人從政。❽❾❿但同理可證，若與其他職業相比，從政所得已算優渥，加薪就缺乏效果。一項研究發現，歐洲議會議員加薪後反而導致了部分負面效應，包括曠職率增加。

政治人物不擔心個人與員工的成本時，似乎也就不大受制於特殊利益，而是更傾向擬定政策來改善大眾福利。舉例來說，研究人員芮妮．波溫（Renee Bowen）和瑟西莉雅．莫（Cecilia Mo）表示，美國州長所得較高的州別，基本工資往往也較高，企業繳稅也較多——這類政策嘉惠了一般公民，而不是特殊團體的利益。⓫

但權力的誘惑又該如何解釋呢？歐洲工商管理學院教授曼佛瑞德．凱茨．德．佛里斯（Manfred Kets de Vries）接受管理理論與心理分析的訓練後發現，組織高層最常見的領導風格是自戀型領導。他的結論是：「高層行爲脫序往往是由於這類行爲伴隨了放縱。在這些案例中，職位與性格似乎有神祕的交互作用，到最後就開始腐敗。」⓬凱茨．德．佛里斯描述的是所有類型組織內部的權力，但我們的生活經驗應該有大量實例，足以說明位高權重政治人物的相似行爲。

二〇一〇年英國兩黨聯合政府前教育大臣大衛・勞斯（David Laws）對我提到政治生涯中，內在與外在驅動力的不同功用。「初入政界較常受到內在驅動力的驅動，可是一旦你就任公職，就必須與政府打交道，感覺就像生存遊戲……只有少數人眞正掌控政府發生的大小事情。你通常要從報紙頭條才曉得發生什麼事，與一般民眾沒兩樣。」這會令人非常氣餒。大衛認爲，即使不在「核心圈」，也務必要保有使命感和自主權。

這給我們什麼啓示呢？首先，自戀的傾向和對權力的追逐，確實會使領導者偏離幫助和服務人群的使命感。然而，與此同時，就像包括教師在內的幾乎所有職業從業者都可見到的一樣，大多數政治領導者已有強烈的內在驅動力。眞正影響他們的是政治體制與文化，導致內在驅動力受到侵蝕，造成現今政治與國家的許多問題。這無異於其他職業，但當然對社會大眾來說，政界引發的後果嚴重多了。

本章中，我們要探討身爲公民如何對此現況加以反抗。我們會以兩種方式運用使命感、自主權和專精度的框架。首先，我們要診斷現今政治人物內在驅動力面臨的難題。

再來，我們要研究如何改變公民自身的驅動力和行爲，才能促進與政治人物和其他公民的合作，打造心目中理想的國家和世界，並替眞正「棘手」的問題找到全新解決方案。

零和政治增加了派系對立

現今，政治人物所面臨的核心使命感問題爲何？這個問題的核心在於，眞正要把國家團結起來實屬困難，尤其我們已從美國選民的觀點中看到，鮮少公民希望「被團結」。

衣索比亞總理阿比·阿邁德（Abiy Ahmed）獲頒二〇一九年諾貝爾和平獎，是爲了表彰他解決了與鄰國厄利垂亞長達二十年的邊界緊張關與戰爭。諾貝爾委員會指出，「阿比」（支持者都如此稱呼他）也一直積極支持其他非洲國家的和平進程，其中又特別支持蘇丹。但他獲得全球更多關注的作爲，是早期爲團結衣索比亞所做的努力。當選後第一年，阿比就釋放了政治犯、鬆綁新聞媒體、放寬針對非政府組織的嚴格法條、任命女性擔任半數內閣成員，更破天荒地選出女性總統。最重要的是，他首度設法把該國許多族群納入共同的國民身分：衣索比亞人。

這個共同的身分最是困難重重——也最爲危險。主因似乎是每個族群都懷疑，其他族群得到更多「特殊」待遇。這點引發了族群緊張局勢，該國九個族群全都在爭奪地位，導致兩百五十萬人流離失所，族群衝突更造成數千人喪生。有鑑於衣索比亞是非洲第二大國，阿比最終是否能成功統一國家，會對非洲的未來產生深遠的影響。而近來的情況並不樂觀，比如該國出現更多獨裁行動、軍事攻擊和選舉延後等跡象。眞正的風險是若不扭轉局面，衣索比亞恐步上其他非洲國家由「老人」統治的後塵。

但較富裕的國家也面臨自己的「派系」難題。我二〇一八年底首次走進衣索比亞的阿迪斯（Addis）機場時，雖然清晨抵達時睡眼惺忪，但連我都能感受到那年瀰漫著希望與興奮之情。我對眼前滿懷希望的國民深感羡慕，因爲在過去三年內，我第二個故鄉英國，爆發了兩方陣營的論戰，全都關乎兩個派系：「留歐派」和「脫歐派」。有關英國脫離歐盟的辯論磨耗了大量心力，鮮少注意到眞正「專家」的意見，忽略他們警告經濟與國家安全面臨的各種風險。

這對英國在全球的聲望造成莫大的破壞。下議院前議長約翰・貝爾考（John

Bercow）努力維持議會秩序的場景在全球電視上放送，而執政的保守黨內成員發動的不信任投票，儼然是公然反叛同黨的首相特雷莎．梅伊（Theresa May）。接著，事態發展類似許多非洲國家，繼任首相鮑里斯．強森（Boris Johnson）宣布暫停國會運作，即所謂的「休會」。英國缺乏正式的成文憲法，更增添了國會的懸念與陰謀。

政局混亂不明的當下，我和家人造訪了新加坡。我們在先前殖民時期留下的建築中閒晃時，有位老友普拉地對我的孩子們說：「看到沒有，英國人以前威風統治著全世界，現在卻連自己國家都治理不好。」

無論你的看法是支持脫歐或留歐，英國脫歐的核心可說是眞空狀態，缺乏使命感。也許可以說，大多數英國人都想快點脫離歐盟，因爲他們看不到身爲歐盟「公民」對自己有何更深層的使命。

令人詫異的是，無論是大衛．卡麥隆或傑瑞米．柯賓，每位支持留歐的政治人物，都會在演說中大力鼓吹經濟與方便的論點，而不是討論留在歐盟的深層使命感，何以實現團結民眾和歐洲這類願景。

說來諷刺，脫歐的主張（套用英國脫歐派用詞是「主權」），同樣模糊不清。我們得承受龐大痛苦來實現的主權究竟爲何？除了談判貿易協議的機會外，英國脫歐幾乎沒有任何更宏觀的國家目的。一旦領導者與身爲公民的我們，被捲入談判的鬧劇時，就更沒有心力去澄清和闡明使命了。

這讓我想起Netflix電影《婚姻故事》中，亞倫・艾達（Alan Alda）飾演的那位瘦弱律師。他提醒了一對準備離婚的夫婦，丈夫和妻子通常會花大量心力爭奪監護權，卻發現到了眞正離婚當下，雙方早就筋疲力盡，已無力陪伴孩子了。

正如甘迺迪總統數十年前所主張，任何政治人物（政黨亦然）的工作必須是界定明確的國家使命。爲何現今許多國家中，國家使命都遭到明顯的侵蝕呢？一項主要原因是，我們一直以來太關注外在因素，特別是「零和」政治，即一個派系得利，另一個派系就得犧牲。我們不但沒有促進共同的國家使命，反而看到政治派系對立的增加。

數百年前，美國三位開國元勳——亞歷山大・漢彌爾頓（Alexander Hamilton）、詹姆斯・麥迪遜（James Madison）和約翰・傑伊（John Jay）——在《聯邦論》（*The Federalist Paper*）中就預言了上述危險。⓭其中，麥迪遜對於「派系」的定義是：部分公民，無論人數多寡，基於「共同熱忱或利益衝動而團結，損及其他公民的權利或社會長期整體利益」。

麥迪遜認爲，派系的出現是因爲公眾輿論形成後迅速傳播。但若給公眾適當時間來探討這些問題，就可以減少派系產生。爲了防止派系，麥迪遜強烈主張採用代議制來取代直接民主制。如此一來，開明的人當選政治人物後，才會爲社會大眾謀利。

這些確切風險早已有人指出的數百年後，爲何世界許多地方仍看到派系分據、失序無能的政治亂象呢？

根據政治理論家穆迪（Mudde）和卡特瓦瑟（Kaltwasser）的觀點，「民粹主義」這個用以描述近來趨勢的術語，往往界定了兩個群體：「淳樸素民」與「腐敗的菁英」。[14]這是左派和右派都會利用的說法。

到了美國，這些事態的發展愈來愈有意思。我們在前一章見到的華裔美國人、綽號「虎媽」的蔡美兒，就提出了強而有力的論點。她在《衛報》上撰文指出，「政治派系文化」已成爲美國政治的主要特徵，因爲每個族群都覺得受到迫害。[15]她表示，五十年前約翰．甘迺迪擔任美國總統時期，馬丁．路德．金恩等人提倡著「大社會」的理念。正如金恩所說：「這是承諾所有人，包括黑人與白人，都將享有生命、自由和追求幸福等不可剝奪的權利。」蔡美兒認爲，雖然左派一直關注少數族群的壓迫和弱勢團體的權利，他們卻經常是「群盲」。

蔡美兒指出，在二〇〇四年民主黨全國代表大會上，當時尚未闖出名號的參議員歐巴馬的一場演說把個人政治生涯推向高峰。歐巴馬力言：「我們不區分黑人美國、白人美國、拉丁裔美國或亞裔美國，只有美利堅合眾國。」⑯這可說是在捍衛國家的使命，理想恢宏、豪氣干雲。但蔡美兒認為，這個理念停滯不前，導致國家遠離了普世主義，因此她視為「試圖抹去遭邊緣化族群特殊的經驗和受迫」。她舉了生動的例子：有次「黑人的命也是命」的示威集會上，一位工作人員告訴參加集會的白人群眾，他們「理應」站在後面。

就她看來，這促成了白人身分政治。其他族群得知要以自身種族身分為傲並團結時，「過去數十年卻一再有人說，美國白人絕對不能以白人為榮」。蔡美兒認為，這導致白人選民覺得自己成為遭迫害的弱勢，進而讓川普成功贏得總統大選。她的結論是：「民眾希望自己的族群獨一無二，值得引以為傲，這正是派系本能的重點。」這無異於阿比．阿邁德在衣索比亞所面臨的情況，也讓我們離核心的國家使命愈來愈遠。

正是因為缺乏國家使命，以及派系政治坐大，使得我們愈來愈以「零和」遊戲的眼光看待世界——族群或派系的利益必須以犧牲他人的利益為代價。到頭來，這又阻礙了英國等國家中潛力十足的新血競選國會議員。這也在打擊現任議員的動力。前OFSED的主席莎莉．摩根和上議院議員吉姆．奈特都證實了這種趨勢。在奈特的案例中，這導致他哀嘆英國「大一統民族」的政治傳統正在消失，以往政治人物會認爲自身的角色是爲整個國家服務，而不僅僅是替投票給自己的派系服務。《經濟學人》還指出，目前英國內閣需要強而有力的「脫歐派」（而非單純要求適合內閣工作的最佳人選），因而導致了人才的匱乏。[17]

爲了說明英國政治這類趨勢有多嚴重，工黨議員大衛．拉米（David Lammy）寫了一本書探討政治派系問題，主張這個問題現在攸關我們所有人，非成即敗。[18]

若所有公民的觀點和信仰都愈來愈派系化，我們何以指望爲我們服務的政治人物，能捍衛眞正的國家使命呢？改變社會整體的心態，責任不僅在當選的政治人物身上，也在我們公民身上。

嗆聲文化迫使政治人物握緊權力

另外還有個問題阻礙了我們的政治人物打造眞正的國家使命，這與本書其他章節中更大規模的不平等趨勢密切相關，即把社會分爲「富人」和「窮人」（我們眼中的「人生勝利組」與「非勝利組」），因而幾乎難以找到同時符合兩類人的需求和要務的共同使命感。

我們來深入研究一下個中原因。別忘了先前對保健因素的討論——這些因素屬於必要條件，但不能眞正激勵我們。冷戰高峰時期，我們對自身生存感到深深的恐懼。若有人不記得這份恐懼有多根深柢固、甚至造成學童內心的陰影，應該參觀英國鄉間的祕密防核碉堡。一九八四年，一項調查訪問了一千一百名多倫多學童後發現，許多學童表示，想到可能爆發核武戰爭就備感無助又無力。[19] 公民的和平與安全感是可以看成是「宏觀」的保健因素。

隨著鐵幕落下與冷戰結束，全世界的人類共同鬆了一口氣。思想先驅法蘭西斯・福山甚至在筆下的暢銷書中，宣告「歷史的終結」。[20] 他語帶得意地指出，民主在本質上向來是最佳的制度。他認爲，針對這個問題的論仗已然結束，接下來的一切都只是「事件」，而不是眞正的歷史。

但事實證明，福山的邏輯有個根本的缺陷，即他深信歐美國家價值觀的另一項原動力：相信資本主義與連帶利益會往下「涓滴」到每個人。

無論在歐美或其他地區，資本主義確實在許多國家帶來所得與財富的飆升。在印度，我度過了一九七〇年代的幼年時光，一九八〇年代也在這裡過了好幾個童年夏天。當時很快便親身體驗到何謂社會主義，僅舉一個例子：我的祖父歷經千辛萬苦才安裝好室內電話。若沒有賄賂當做強烈誘因，壟斷一切的國家單位只願意慢吞吞（往往耗費數年）提供服務。就我印象所及，奉行「社會主義」的印度是十分灰暗、缺乏歡樂的地方，迥異於現今隨便一座印度城市都看得到的嘈雜與活力。正如經濟學家阿馬蒂亞·森（Amartya Sen）與尙·德雷茲（Jean Dreze）的劃時代研究結果所述，在如此龐大的社會主義實驗中，印度無論在貧窮、健康、婦女福祉或教育等方面，人類發展指數一直令人不忍卒睹。[21]

但世界銀行和國際貨幣基金等機構在提供貸款時，把資本主義當處方藥物般開給印度等許多貧窮國家，這件隨著鮮有人知的可怕副作用：不平等。

相信你我都會同意，社會應該爲公民實現的一大理想就是幸福。美國《獨立宣言》內呼籲把「追求幸福」做爲國家的主要目標，這說法家喻戶曉。但說來諷刺，在國民所得調查過了數十年之後，我們才設法去認眞評估國民幸福，比如聯合國在二〇一二年才開始編纂年度的《世界幸福報告》。

諾貝爾獎得主經濟學家安格斯．迪頓（Sir Angus Deaton）與心理學家丹尼爾．卡尼曼（Daniel Kahneman）一篇聯合研究的論文登上全球頭條。[22]該論文發現，個人年薪平均超過七萬五千美元後，幸福感的上升就會趨緩。然而，甚至在達到這個門檻之前，就會有經濟學家所謂「幸福感遞減」的現象——年薪每上升一美元，增加的幸福感漸減。

是的，你沒聽錯。年薪一旦超過七萬五千美元的門檻，幸福感幾乎沒有增加。這似乎強烈證實了驅動力理論的預測。金錢固然重要，但幾乎只能算是保健因素，因此就有「天花板」效應。迪頓和卡尼曼的研究結果，呼應了其他針對這類趨勢的跨國研究。根據《柏克萊經濟評論》（*Berkeley Economic Review*）指出，人均GDP增減一〇〇%，只會影響三〇%的幸福感（以幸福指數衡量）。[23]

就現實面來說，這意味著什麼呢？芬蘭公民的人均所得比美國低四分之一，但似乎比美國公民要幸福許多。柏克萊的經濟學者總結道，各國或多或少「利用」人均所得的上升來帶動幸福感的上升。但最重要的一點是，看起來是額外所得的利用方式，長期下來是否能提升公民福祉，比如改善公共衛生或教育，或是否大多分配給前面章節裡的「贏家」。

上述帶給我們最重要的啓示是：雖然美國人平均所得是五萬八千美元，但中位數所得僅略高於三萬美元——中位數更具代表性，因爲未被巨富人口「拉高」平均。過去二十年內，西方國家大多數人的平均中位數所得（按通貨膨脹調整）增加得並不明顯。因此，許多人才會把支持英國脫歐派當作「豁出去了」的公民。相較之下，留歐派往往更加都市化、所得較高、學歷較好，追求財富的路上特別有感，所以脫歐的損失必定龐大。

意料之中的是，全世界「民粹」運動最盛行的國家——英國、美國、印度、香港、巴西、菲律賓——不平等的現象最爲嚴重，世代流動率也最低。

換句話說，對於自認沒機會享用幸福暨GDP成果的公民來說，英國脫歐的經濟成本當然就不大重要。相較於矽谷等地員工普遍有能力說「去你的，老子就是有錢」（fuck-you money），即員工有本錢離開不可理喻的老闆，前述社會底層的態度則是「去你的，老子爛命一條啦」。

面對這些趨勢，現代政治人物又該如何因應？基本上，眞的是處境艱難。

如今，政治人物面對兩大類選民，即要爭取兩個族群的支持：享受幸福暨GDP成果的公民，以及未能如此幸運的公民，而後者的人數當然多出太多。這必須仰賴勇敢的政治人物，比如當今的衣索比亞總理「阿比」或過去甘迺迪，他們具備足夠的信心，設法打造共同的國家使命感，進而親身體會這件事有多困難。

這會讓一切政治方針與決策愈來愈難以自圓其說。在英國的脫歐討論中，值得注意的一點是，究竟是以哪些「門檻」用來評斷成功——這點自始至終都有點撲朔迷離。單純是看經濟門檻，還是純屬內在（即自主權）門檻？在任何論仗中，我們似乎不斷地在兩者之間游移，而國家領導者在整個辯論中運用的標準向來都不大明確。

對於政治人物來說，操縱內在驅動力的激勵誘因愈來愈誘人，有時還會虛情假意地加以展現。英國脫歐可能代表英國握有更多自主權，也可能意味著夾在美國、中國和歐洲之間，受到各方不同壓迫。沒有人眞正曉得結果。但「奪回控制權」這句話非黑即白，政治人物不必處理其中細微差異，便顯得輕鬆許多。

同樣在美國出現了一種使命感的敘事，主要是迎合在經濟競爭落後的白人、使他們懷念起往日時光，這讓許多人深感不安。社會關注的經濟落差與不平等現象千眞萬確，但這種懷舊往往會使族群日益多元的國家走向分裂。

上述所有趨勢似乎讓我們離眞正的國家使命愈來愈遠，無法團結彼此。當然，傳統媒體和社群媒體的潮流讓問題更加惡化。我訪談的國會議員多半哀嘆，社群媒體害得政治人物難以與整個國家進行眞正的對話。我聽前首相布萊爾在印度科欽的私下演說，提到自己與國民的對話老是分成三大部分：很多事已完成、很多事待完成、很多事難兼顧。

這截然不同於現今社群媒體和網際網路所造成的政治細分（micro-segmentation）——即分化與切割。舉例來說，保守黨在二〇一九年競舉活動招致許多批評，因爲他們針對選民「精準投放」二十八個不同社群媒體的廣告。社群媒體是漢堡王知名標語「任君享用」（Have it your way）的終極體現。無論政治觀點爲何，都會被周圍的線上訊息與對話強化與放大。

說穿了，我們打造了一個惡性循環，政治人物無法率先提出國家使命，因爲國內極度分裂，到頭來又更加失去公民的信任。

我們的政治領導者不僅愈來愈難營造眞正的國家使命感，還發覺很難於日常職務中實踐眞正的自主權——而這直接損害了他們的內在驅動力。

其中一大問題是，我們與政治領導者之間的不信任氛圍，促使我們過度放大檢視政治人物的言行，在社群媒體上如此，在國家電視台上亦然。

別忘了代議制民主的理念是，我們相信民選的領導者會做出正確的決定。但事實並非如此，我們內心的不信任，終究只會分化彼此。

公共服務改革專家丹·霍尼格（Dan Honig）與我分享一項滿有意思的研究。[24]該研究是在美國 C-SPAN 頻道（美國兩院直播政治辯論的頻道）推出前後所進行。在紐特·金瑞契（Newt Gingrich）這樣「嘩眾取寵」議員的表率之下，政治人物在電視直播中變得更加兩極化，不願意做出妥協。

因此，許多評論家認爲，現在美國參眾兩院更像自食其力的「創業家」，依循自己的直覺和選民，而不是隸屬政黨的大方向。喬納森·勞奇（Jonathan Rauch）是一位美國政治評論家，一直在研究這些趨勢。他認爲「並沒有所謂的黨魁」，現在每個政治人物都在追求自己的利益，「宛如過熱汽球中活躍的氣體分子」。勞奇甚至把這樣的現象形容爲「混亂症候群」。他主張，美國現今政壇即使出現「自走砲政客」，黨魁也無法開除其黨籍。[25]

我們先回想一下談論工作的章節，以及「引導式自主權」的重要。記得我們在STiR面臨的難題吧？當時教師們開會時，關注的主題常是「七嘴八舌」。這與當前的討論有極爲相似之處。我們得拿捏政治人物的自主權、其隸屬政黨的自主權，以及黨魁的自主權。正如同工作上的自主權，政治人物的自主權也要受到適當的「引導」。

就此脈絡來說，勞奇呼應了丹．霍尼格先前所說：公務人員與大批政治「喬事者」等中間人，實屬關鍵角色；他們負責在混亂中理出頭緒、設法促進政壇必要的妥協。換句話說，他們有助於引導政治傾向對立的政客與政黨的自主權。

但一九七〇年代興起的全新政治「陽光法案」（指公開透明），一切都講究當責與公開；現今，任何事都必須披露，包括政治人物每天的會面對象。這反而成爲妥協的絆腳石。

令這些自主權難題更加複雜的是，過度的監督（也許還有先前討論的自戀因素），促使政治領導者過度集中權力。英國自由民主黨前教育大臣大衛．勞斯認爲，當代政治部分問題在於問責的力量——目標投放與社群媒體——造就了「名人政客」，於是僅剩五到十個人在真正領導國家。他認爲，媒體強烈關注讓政治人物迫於壓力得「事必躬親」。

「英國共有一百多位大臣，但事實上多數都沒發揮功用，」大衛補充說：「眞正治理國家的只有幾個人。」

英國因爲新冠肺炎疫情二度封城的計畫，在多數議員得知前就洩露給媒體，掀起的風波宛如鬧劇，促使議員們憤怒地要求外界重視國會制度及議員。㉖英國西敏寺和美國華府等地都同時見到領導者和追隨者的危機。政治人物要更懂得接納所屬政黨的方針，也就是只要呼應確切的共同國家使命，便會容易許多。但同理可證，總統或總理也得把權力下放給眾多部長與國會議員。

身爲公民與選民，我們得要求政治領導者打造眞正的國家使命與願景，形塑眞的大一統民族，而且適用於整個國家。但只要領導者做得可圈可點，我們就要群起跟隨，展現對領導者的信任，並且（雖然可能有違直覺）要避免妄加揣測，切勿放大檢視落實使命的方法，導致他們綁手綁腳。這樣才可以給予他們足夠的空間，彼此合作、尋找折衷方案。

身爲公民的我們，愈執意於指責與嗆聲文化，愈會迫使領導者和政治人物握緊權力。

解決領導者專精度的難題

光有使命感與自主權本身是不夠的，政治人物還要眞正專精於自身的角色。愈來愈多的證據顯示，我們目前的國會制度根本無法培養這類重要責任所需的專精度。

南非前總統曼德拉（Nelson Mandela）受到眾人愛戴其來有自，卻被人指控很會裝腔作勢，對政府治理細節卻是沒啥興趣。大多數人都會同意，無論政治立場如何，南非當初的願景並沒有完全實現。僅舉一項極度令人憂心的例子：現今南非白人的平均所得是南非黑人的六倍——甚至比種族隔離時期還要惡化。

曼德拉固然自己恪守誠信，卻因爲沒剷除黨內腐敗派系而招致批評。南非新任總統希瑞爾．拉瑪佛沙（Cyril Ramaphosa）的心態仍不得而知，但至少他承認非洲民族議會（ANC）近來種種缺失，不像前任總統雅各伯．祖瑪（Jacob Zuma）似乎不願面對。

有人對甘迺迪提出類似的批評，他在高談闊論後的行動，並未時時充滿相對應的勇氣與自由。因此，對我們的領導者和政治人物來說，專精度與使命感同樣重要。

一方面，政治人物需要成爲專業的立法者，確切知道如何推動優秀法案，實現手邊的政策目標。同時，他們也要善於超越立法，懂得如何與公務人員合作，確保法律眞正在基層帶來預期的變化。

正如伊莎貝爾．哈德曼（Isabel Hardman）在其思慮縝密的著作《爲何我們選錯政治家》（*Why We Get the Wrong Politicians*）中指出，相較於其他民眾，英國國會議員必須與更多社會人士合作。[27] 大多數人傾向於與相同社經階級的人來往、工作，甚至結婚——這正是造成前文所描述的不平等現象因素之一。

有鑑於此，英國等國家的政治人物需具備兩套截然不同的技能：其一是國會議員自身能建立合適的幕僚團隊，其二是懂得如何納入公務員，推動並監督改革，同時也吸引更多政府單位人力的投入。這其中的平衡不易拿捏，但目前國會幾乎沒有任何正規機制來培養專精度。

領導力專家拉姆．查蘭（Ram Charan）提出了一個關鍵的框架，給予不同層級主管培養領導力的管道，尤其針對「主管的頂頭上司」（通常是總理或總統）何以發揮有效的領導力。[28] 這種框架有助奇異等大型企業的成功，但對於政治人物卻沒有相應的方法——儘管治理國家是最爲複雜的管理責任。我們得加強投資政治人物的管理培訓，因爲這是他們提升專精度的關鍵。舉例來說，英國對於新冠肺炎疫情的因應措施都搭配良好的衛生政策，但管理不彰（疫調追蹤制度不健全），導致變數增加，造成龐大的經濟損失，以及個人防護設備（PPE）的短缺，使得許多第一線醫護人員面臨不必要的風險。若我們的領導者曉得如何管理龐雜的公務體系，這些問題造成的痛苦便會減輕許多。

身爲公民或選民，我們經常抱怨「西敏寺同溫層」或「華府同溫層」，以及政治人物的任期太長。但證據顯示，我們的政治人物其實缺乏足夠時間培養個人職務的專精度。每個公民與其嚮往「業餘政治人物」的日子，不如協助促進政治人物的轉變，讓他們視自己爲眞正的專業人士，而不僅僅是職業政客。專業人士與職業政客兩者有著關鍵的差異。

其他每個專業領域——從醫學到法律——都有明確的標準、認證、專業誓詞和價值觀、職前培訓和在職進修等，這些都是在先前工作章節所提，用來磨練專精度的靈活要領。

但對於政治人物卻什麼都沒有，即使是英國等老牌西方民主國家也不例外。議員奈特證實，上議院新成員有「結伴」制度，但幾乎都著重程序事宜，像是如何找到個人桌子、如何前往台前發言。

若要解決領導者專精度的難題，我們就需要更深入、更系統化的機制。目前爲止的各種挑戰與緊張關係，導致公民的驅動力無法與政治人物的驅動力一致。那身爲公民的我們，又該如何因應與反擊呢？

首先，我們得要求政治人物有明確目標，即定義與闡述國家使命——不僅僅是滿足選出他們的派系，而是要團結所有公民的使命。

正如我們所見，其中最大的難關正是貧富差距。

所幸，有項根據內在驅動力原則的工具可以發揮效用。在多數國家中，無論政治光譜是左或右，這都獲得了廣泛支持：基本所得保障。

所謂基本所得保障，是指每個月支付每位公民固定金額。大部分的「福利」要經過所得或收入調查才發放，但基本所得保障是無論比爾．蓋茲到國宅居民都得到相同的金額。以美國爲例，倡議人士指出第一步可能是成年人月領一千美元、兒童月領五百美元，二〇二〇年民主黨總統候選人楊安澤（Andrew Young）就以此爲政見。

正如吉姆．斯通（Jim Stone）在《今日心理學》中主張，基本所得保障最有力的主要論點，就是避免了傳統福利方案的羞恥與汙名。[29] 過去，我在博斯公司

（Booz & Company）擔任過管理顧問，爲英國就職年金部工作了將近兩年。那十八個月過得精采，但我印象最深刻的是這些背後所需的巨大機制，包括大規模的政府廣告和推廣活動，先讓民眾曉得自己有資格獲得福利。汙名和羞恥大幅阻礙了民眾獲得眞正有權領取的福利。

同樣地，在從事教育工作期間，我發現許多英國學童明明有資格免費吃營養午餐，卻從未使用這項福利，只因爲家長們對此感到羞愧（令人欣慰的是，現在無論家庭所得高低，凡是學齡前兒童統統自動擁有免費吃營養午餐的資格）。

我們在社會部門的眾多責任，比如我在STiR的教育工作，都是爲了弭平所得不均的影響。教育是可以促進平等的管道，但我們還希望教育能抗衡不斷擴大的貧富落差、甚至是赤貧的困境。哈佛大學桑希爾．穆萊納桑（Sendhil Mullainathan）等學者已提出貧困對於心理的傷害：生活在貧困邊緣的人，往往遭受大量創傷與壓力，長期下來幾乎不可能做出良好的決定，這包括他們爲人父母必須做的選擇。

丹．希思在《上游思維》一書中談到，我們需要從源頭上解決問題，也就是不能治標不治本。[30] 如果我們能透過所得來解決部分上游問題，教育促進平等的能力就會更強大。

金融家暨教育改革慈善家尼克・哈諾爾（Nick Hanauer）在《大西洋》雜誌發表的〈學校改革也修復不了美國〉，讓教改圈許多人大爲震驚。[31]他的結論強而有力：「簡單來說，優異的公立學校是強大中產階級的產物，但不能倒果爲因。」只要支付民眾足夠的薪資，能過上有尊嚴的中產階級生活，高水準的公立學校就會出現。但要是讓經濟機會不均擴大，教育不平等必然隨之增加。基本所得保障也許是應對這個問題重要的第一步驟。

各界評論家認爲，基本所得保障的最有力論點在於，可以實實在在地幫助數百萬公民從事各自理想中的志業，甚至有機會追求風險較高、但較爲充實的職涯。舉例來說，某些人會因此願意從政。

全民基本所得是否會減損民眾的工作驅動力呢？若你相信本書所探討的內在驅動力思維，情況其實恰恰相反。理查・吉爾伯（Richard Gilbert）、諾拉・墨菲（Nora A Murphy）、艾莉森・史黛卡（Allison Stepka）、馬克・巴瑞特（Mark Barrett）和黛安・沃庫（Dianne Worku）等人對全球十六個所得保障計畫的綜合分析顯示，在超過九〇%的案例中，民眾並沒有因爲基本所得保障落實就減少工作。[32]不僅富裕國家對這個理念進行激烈的辯論，新興國家內相關討論也在不斷升溫。印度前首席經濟顧問阿爾文．薩博拉曼尼亞（Arvind Subramanian）早在二〇〇八年就提出支持的理由，以期取代多年來拖累國家預算的昂貴補助計畫。[33]儘管對小麥和天然氣等基本民生物品的補助，有助於在未來數年內讓貧困率減半，但他發現貪腐與詐欺的現象在國內也十分普遍。

目前未有任何國家實施基本所得保障計畫，就連富裕國家也都在觀望。然而，印度錫金邦已承諾在二〇二二年前落實基本所得（值得注意的是，錫金邦人口略高於五十萬，以印度標準來說，這只是滄海一粟）。在新冠肺炎肆虐的疫情中，許多國家已與此目標愈來愈近，至少推動了臨時措施。西班牙爲弱勢族群推出一項每月基本所得計畫，並表示疫情結束且經濟復原後，有意長久實施下去。[34]英國政府在新冠肺炎第一次和第二次封城期間，透過其無薪假計畫，支付了許多勞工高達八成的薪資，許多自雇者也連帶受惠。即使在美國這個提倡自由市場的國度，一項針對新冠肺炎疫情期間的短期提案（歷經千辛萬苦）最終獲得參眾兩院通過，每位美國人每月可獲得一千美元的補助。

那基本所得保障應該以社會行爲良好當做「條件」嗎？一般都會擔心民眾把這筆意外之財用來買酒或買菸，但根據世界銀行的分析，這種預設立場站不住腳。[35]

然而，根據聲譽卓著的海外發展研究院進行的案例回顧，[36]在對公民的期望推動一些重塑計畫，比如父母需優先投資孩子的健康與教育，仍然有所幫助。

但我們能負擔得起嗎？卡爾・韋德奎斯特（Karl Widerquist）等經濟學家認爲，若考量基本所得保障的賦稅方式和普通所得一樣，以及可以用基本所得保障鞏固其他福利，那淨成本其實並未如預期高——相較於無薪假與政府疫情因應計畫的各項成本，基本所得保障的成本相對較小。[37]

基本所得保障的另一項重要影響，就是有助引導社會走向後自動化的世界。正如尤瓦爾・諾亞・哈拉瑞（Yuval Noah Harari）等未來學家所指出，人工智慧的趨勢會造成不平等現象更爲嚴重，因爲資本所有者雇用人力會愈來愈少，投資報酬率則愈來愈高。若許多公民認爲自己在經濟上大幅落後，等到人工智慧等趨勢全面席捲而來，後果更是不堪設想。

基本所得保障的核心論點必定是讓我們得以欣然接納全新趨勢，甚至可以共同歡慶。我們都聽過那些堅守傳統科技的企業——想想柯達或百視達，因爲擔心新科技會「吞噬」現有業務。百視達原本輕而易舉就能坐上Netflix現今的地位，卻太害怕失去高利潤的ＤＶＤ業務。最後，兩家企業都成爲歷史的餘燼，最後什麼都沒得

「吞噬」了。

《經濟學人》進一步主張，雖然英國政府針對無薪假砸下大量補助是必要又合理，但恐會讓舊有工作苟延殘喘到超過預期時限，導致供需的扭曲，比如大部分民眾都在家工作時，倫敦市內有過多三明治餐館。政府認爲，保障個別勞工才有助他們靈活因應經濟的需求。[38]

改變帶來的損失遠小於阻止改變的損失（況且再怎麼阻止終究也是白費力氣）。若我們確保了全民基本所得這項保健因素，所有人就能自由地從事自己喜歡的工作。我妻子阿伊達在孩子年幼時就辭去全職工作，這樣就能花更多時間陪伴孩子。日後證明，這宛如天賜良機，至少有助我們能離自己想成爲的父母更近一步，畢竟我在STiR任職期間三天兩頭就要出差。但起初她對我們的收入有所顧慮，差點就決定不要辭職。一旦有了基本所得保障，社會大眾較能妥善做出重要的人生決策與取捨，這也會確保所有人對經濟成長有所貢獻，進而使政治人物更容易塑造團結全民的國家使命。

團結一心的使命有哪些樣貌？

當然，僅有基本所得保障並不夠，我們仍得說服政治人物爲公民清楚傳達能團結一心的使命。

這類團結一心的使命有哪些可能樣貌呢？顯而易見的例子就是持續努力減少不平等，確保國家經濟成長由全民共享。另一個例子也許是打造一個目標，鎖定共同的機會與威脅，從人工智慧與隨後的自動化，到氣候變遷或全球流行病。

領導力大師賽門．西奈克定義個人或組織的「正當理念」（未來展望）時，提出有限賽局和無限賽局的觀念。[39]有限賽局有明確的終點，但無限賽局（以極爲現實的角度看待國家發展）沒有終點。

由於公民對政治人物普遍缺乏信任，導致他們的言行被過度放大檢視，自主權便遭受四面八方的壓力。身爲公民，我們能採取哪些行動，好讓政治人物取得平衡呢？

正如前文所述，我們得給予政治人物做事的空間與信任，但也得要求政治人物提供透明和可靠的資訊。在新冠肺炎疫情期間，常常無法立即取得即時的可靠資訊。舉例來說，英國二度全面封城的決定也許沒錯，但考慮其牽一髮而動全身的風險（包括數十億英鎊的經濟損失，衝擊公民的生計與身心健康），用來證明這項決策合理的確診人數，在預估品質有待商榷時，實在難以獲得民眾的信賴。這些估值是數星期前的舊資訊，甚至未考量最新地區分級防疫措施，卻仍在國家電視台公開播放。最後是在專責委員會的質問下，英國政府首席科學顧問才承認分析有缺陷，並對於資訊公開方式感到抱歉，而納入最新預設的模型也已公諸於世。[40] 英國國家統計局指出，官方數字若缺乏「即時透明的資訊佐證」，民眾的信任感很可能會降低。[41] 我們給予政治人物適當的空間與信任之餘，也應該要求他們公開政府決策背後通常隱而不宣的前提。

通常看起來微不足道的「技術」細節真的很重要，對於無比棘手的問題特別如此，像是氣候變遷。多年來，我們聽到領導者預測氣候變遷的成本，幾乎都是使用經濟學家所謂的「貼現率」——把未來資金折合成現值。問題是鮮少有公民或政治人物意識到，大多數經濟模型使用的貼現率極高。因此，氣候變遷對後代子孫造成的龐大成本被大幅「打折」，導致現今公民感覺這無關緊要。多年來，我們算錯卻不自知。

直到二〇〇六年，史登爵士（Lord Stern）代表政府進行了史登報告，貼現率的問題才眞正浮出檯面。[42] 但爲時已晚，因爲幾乎所有英國銀行和金融機構都在經濟模型中使用高貼現率，誤導了數千億英鎊的支出方式。

貼現率的問題也適用於我們進行（或未進行）的重要社會投資。經濟學家暨諾貝爾獎得主詹姆斯・赫克曼（James Heckman）表示，孩子進入正規學校教育之前，針對幼兒照護與教育的投資可能是社會最值得投資的標的。[43] 這對孩子有著深遠的影響，從終身收入到教育學者口中的「自我調整」，甚至是心理健康皆然。然而，儘管不乏有力證據，卻鮮少有富裕國家把普及幼兒義務教育當成標準。同樣地，這也與貼現率有關：好處眾多卻要等多年後才會實現，因此在高貼現率下，重要性被大幅低估。無獨有偶的是，這些好處往往遠遠超出傳統的選舉週期，最終反而被大打折扣——甚至被棄如敝屣。身爲公民的我們，卻完全沒有聽到哪個政治人物告知此事。

公民未獲得透明資訊的第三個例子，就是我們的國民所得或ＧＤＰ計算方式。政治人物運用ＧＤＰ來合理化絕大多數的重大決策，從英國脫歐到氣候變化皆然。然而，ＧＤＰ的計算方式愈來愈沒有意義，幾乎與社會整體的福祉脫鉤。舉個例子說明：阿伊達決定自己照顧我們的二兒子薩揚，此舉對GDP沒有任何貢獻，因為無人支付這項服務的費用；但是我們把伊山送到托兒所，卻算是GDP的一部分。

此外，正如前文所述，過去二十年來的GDP成長，幾乎都流向了所得分配前二〇%，其中又以頂端五%、一%、甚至〇．二%受惠最大，所以我們一般人究竟為何要在乎GDP成長？對於社會上大多數民眾來說，GDP不再是真正具代表性又有意義的指標。

我們除了向政治人物要求透明度並賦予信任，要讓政治人物能平衡圍繞自主權的各方壓力，還有另一項方法，就是民眾要成為「積極的公民」。

本章前面提到的德莫斯智庫分析師湯姆．本特利提出了令人信服的理由，即讓所有人參與國家運作的更多面向。㊹舉例來說，我們可以參與決策過程決定優先投資哪些當地服務、社區倡議與方案的決策，畢竟最終受惠的就是我們自己。本特利呼籲打造更多開放「空間」，讓公民參與不同的場域。隨著科技進步，我們甚至不出家門就能參與，既舒服又方便。

新加坡通常以偏家長式治理的政府聞名，社會大眾一般認為國家負責所有事務。星國政府推出了「黃絲帶計畫」，鼓勵前科犯重新融入社會。但值得玩味的

是，所謂重新融入社會，得取決於當地人的智慧與創新，最為創新的方法會成為鎂光燈焦點，且大獲推崇。㊺

公民大會是另一項強大的平台，公民可以在此共同解決現實的問題。根據《經濟學人》的報導，法國與蘇格蘭特別熱衷於嘗試這項方法，但英國其他地方卻未受到同等熱烈的迴響。㊻

傑夫．艾蒙森（Jeff Edmondson）在美國創辦了非營利教育機構「共同打拚」（Strive Together），找來不同背景的領導者和公民，包括雇主群、學區、家長圈，審視所在城市當前的教育現狀，共同擬定改善計畫。這項模式現已推廣到美國各地城市與地區，許多關鍵教育措施已陸續出現值得期待的進展。

打造公民所需要的力量

我們現在明白，鮮少有專業領域像政治一樣，缺乏正規或明確制度來培養人才的專精度，從上任、培訓到專業進修都要自我摸索。一旦「專精度」的培養只是靠默契又不透明，我們等於打造了一個小圈圈，裡頭盡是局內人、封閉人脈，以及恩庇關係。

政黨名單上鼓勵「可容忍的面孔」——就是不會嚴重威脅現狀的人選。這無形中限制了有意從政的新人背景與多元組成。就像不只一位政治人物在議院辯論中嘲諷過，即使是英國這類國家，現今仍有傲慢和對立的政治文化，偏好「伊頓公學校內所學」。

摩根夫人向我談到了以往在選舉國會議員時，大家都格外積極地重視女性與少數族群，但在選舉完成後，卻鮮少繼續支持女性與少數族群。《旁觀者》雜誌助理編輯伊莎貝爾．哈德曼認爲，即使是在國會議員選舉過程中，候選人仍受限於必須請六週無薪假參與競選的規定，最後還不見得能獲得議會席位，這就阻礙了女性與出身較弱勢的人參選。[47] 加上缺乏培養專精度的正規制度，只會進一步降低我們政治領導者的多元組成。

即使是相對較小的變化，也可以大幅影響領導者培養專精度的方法。哈德曼提出的一項觀點是，假如事後缺乏民眾回饋，就難以了解政策的效度，也看不到後來發生的事。

那「公共回本」（public payback）呢？「公共回本」即是要求政治人物在提出法案多年後，檢視國家的變化（即使政策是前人所提出）。這有點像教師的教學研究或企業的年度回顧。她主張，透過採取更多措施來確保委員會妥善運用時間，同時讓國會議員針對法案進行更直接的監督，都會產生很大的助力。

美國哈佛大學甘迺迪學院和印度穆索里拉爾·巴哈杜爾·夏斯特里國家行政學院（Lal Bahadur Shastri National Academy of Administration）紛紛推廣政府官員的專精度。近年來，牛津大學布拉瓦特尼克政治學院（Blavatnik School of Government）和新加坡李光耀公共政策學院等新學校也相繼成立，幾乎所有學校都把重點擺在公務人員，而不是政治人物本身。

「致勝慈善基金會」（Big Win Philanthropy）創辦人潔咪·庫伯（Jamie Cooper）則給我們一個截然不同的案例，十分值得思考。她邀請各國不同領域新上任的部長，參加甘迺迪學院哈佛部長級領導力計畫，該計畫不僅提供了交流的平台，各國之間也能進行同儕學習。該計畫看準了這些部長都新官上任，正是形塑驅動力與觀念的關鍵時期。無論部長們在崗位上待了多久，相較於投入的成本，這對部長本身和該國都是很值得的投資。

身爲公民，我們也要投資專精度。現今的學校體系面臨著課程萎縮與考試引導教學的壓力，已經減少學校提供適當公民教育的機會。「iCivics」這個成立於美國的非營利組織是倡導公民教育的先驅，創辦人是備受敬重的前大法官珊卓．戴伊．歐康納（Sandra Day O'Connor）。該組織宗旨是給予美國各地學生符合社會脈動又充滿趣味的公民教育，結果證明這種做法甚至能提高讀寫素養。公民教育只要實施得當，就能以接地氣又縝密的方式，打造共同的國家使命。

若要學會討論國家使命對於全民的眞正意義，公民也要懂得接觸舒適圈外的主題，而這得從學校教育開始。

作家兼主播亞芙雅．赫希（Afua Hirsch）對於現代英國族群問題常提出眞知灼見，她便指出一項弔詭：英國的歷史課程在都鐸王朝與第一次世界大戰之間有一大段的空白，其中包括大英帝國備受爭議的角色與全球奴隸貿易等所有不願面對的事件，在課堂討論中付之闕如。

這樣無法打造公民所需要的力量，也就難以學會如何探討今日我們面臨的棘手問題。我們必須敞開心胸，願意與同胞和領導者展開艱難、甚至不舒服的討論。這有賴學習明確表達個人觀點，同時也要敞開心胸地傾聽（抱持好奇和尊重的態度）

其他觀點迥異的意見；這也有賴信任其他公民（就像信任政治人物一樣），大家都是爲了國家的未來著想。最重要的是，還得終結有毒的嗆聲文化，才能再度展開眞誠的對話。

正如親密關係章節中所述，一旦我們在與其他公民的關係中缺乏安全感，如何能在塑造國家的過程中發揮積極作用，並鼓勵政治家人物替國民創造團結一心的國家使命？

這固然困難重重，但並非全然不可能。我們要堅持政治人物培養眞正的專精度，而自己身爲公民也要培養眞正的專精度，才能當作公民的表率。

界定共同的使命

政治是數一數二辛苦的職涯。我們要求政治人物對確保國家使命感扛起責任，但在達成的方式上，也要給他們更多的空間來找到折衷方案。我們要尊重政治人物的自主權——條件是我們身爲公民的自主權也獲得尊重。

我們應該堅持要求政治人物培養自身職務的專精度，畢竟數百位民選官員、一位領導者與數名內閣部長會大幅影響民眾的生活。而且有鑑於當前的棘手問題涉及層面深遠，這類影響只會愈來愈大，正如當前的全球疫情、氣候變遷、貧富差距、主權和身分等事件所顯示。

教師與學校的關係有一個有趣的相似處。正如前面章節所述，家長妄加質疑教師與學校是不可能有正面效果。同理可證，家長在避免直升機教養法之餘，也要積極參與孩子的生活，確保孩子找到生活動力，兩者之間的平衡得適度拿捏。我們的公民角色也存在類似的動態關係。

最重要的是，這代表要努力消弭缺乏信任的氛圍。我們愈是不信任領導者與其他公民，就愈是讓領導者綁手綁腳。又或者不斷地質疑領導者的作爲，他們也愈容易放棄領導，進而開始討好派系與利益團體。這便印證了美國開國元勛亞歷山大·漢彌爾頓的預言。

假如我們能與政治領導者合作來界定共同的使命，就更有機會實現團結一心的夢想。

第七章

人生與內在驅動力：從逆來順受到掀起革命

「無所作為滋生懷疑和恐懼，唯有行動孕育信心和勇氣。
想要戰勝恐懼，就別閉門空想。走出門，忙起來！」

——戴爾．卡內基❶
知名人際關係學大師暨演說家

武漢是中國汽車工業中心，是你我每日駕駛眾多車輛的產地。但到二〇二〇年初，武漢變成了截然不同的中心。

武漢市中心醫院是間不起眼的普通醫院，中國許多中型城市都有這類醫院（「中型」當然是指在中國算是相對中型，武漢是湖北省最大城市，人口超過一千一百萬）。但在二〇二〇年，這家醫院發生了驚天動地的大事，也讓世人見證了莫大的勇氣。

二〇一九年十二月十六日，一名在野味市場工作的患者因為雙側肺炎住院，卻對抗流感藥物有抗藥性。十二月二十七日，武漢市衛生官員接獲新型病毒的通報。十二月三十日，醫院急診部主任艾芬在微信上發布這項訊息。眼科醫師李文亮也在微信向其他醫師轉發消息，提醒同仁穿上防護衣，防範這個類似SARS（嚴重急性呼吸道症候群）的傳染病。

根據《BBC》報導，四天後，李文亮遭公安局傳喚約談，被要求在一封信上簽名，承認「發表不實言論」與「嚴重擾亂社會秩序」。❷

到了一月十日，李文亮開始出現明顯的症狀，咳嗽格外嚴重，後來轉為發燒。一月三十日，他確診感染冠狀病毒。

二月七日，李文亮病逝。

這並不是醫師與專家的醫療看法遭打壓的唯一例子。一月一日，湖北省衛生健康委員會一名官員下令附近實驗室（這些實驗室已確定該病毒與SARS極其相似）停止測試新樣本並銷毀現有樣本。一月二日，中國研究人員已能準確地繪製該新型冠狀病毒基因圖譜，卻等了整整一週才公諸於世。

同樣地，雖然中國政府在十二月三十日向世界衛生組織（以下簡稱WHO）通報出現「不明病毒」，但直到一月十四日，WHO仍然宣布「中國當局並未發現新型冠狀病毒人傳人的明確證據」。

一月十五日，一名感染新冠肺炎病毒的乘客搭機從武漢前往美國。一月十一日至十七日，在中國共產黨的重要區域衛生高峰會期間，武漢衛生當局堅稱沒有新增病例。

就在此形勢下，一月十八日，武漢有數以萬計的家庭團聚吃年夜飯。到了一月二十一日，中國共產黨《人民日報》才首次向中國民眾提及新冠肺炎病毒；同一天，美國也宣布國內出現第一個病例。

一月二十一日，中國政府官方政策出現一百八十度的轉彎，宣稱「誰為了一己

之利，刻意遲報、瞞報，都會永遠釘在歷史的恥辱柱上」。❸

持平而論，從一月二十一日以來，中國政府對危機處理的反應果斷迅速——先是武漢封城，後來中國幾乎各地都迅速進入全面封城狀態。已故李文亮醫師獲得共產黨罕見的鄭重公開道歉，並給予他的家屬因公殉職賠償金。李文亮成了當之無愧的民族英雄，即使稱爲烈士也不爲過。但這一切都是社群媒體上鬧得風風雨雨、震撼全中國之後才發生。

英國南安普敦大學的賴聖杰博士一直努力開發全球最精密的流行病學模型，藉此說明新冠肺炎病毒的傳播方式。他建構出的模型告訴我們的第一件事，便是中國政府最後祭出的嚴格封城措施非常有效：二〇二〇年二月底官方公布十一萬五千名新型冠狀病毒病例，但假如沒有封城措施，病例總數恐會接近七百萬——相差將近七十倍。因此，中國政府還是有可傲之處。

然而，賴博士的模型也預估，假如李文亮醫師和其他七位同仁的早期專業判斷沒有被無視，假如冠狀病毒提早三週就獲得公開承認，中國在二月底的新型冠狀病毒確診病例就會減少九五%——你沒聽錯，眞的是九五%。就算僅僅是提早兩週公布，病例數也會減少八六%。而且儘管賴博士的數學模型著重研究中國的確診病例，但全球感染率也極有可能隨之驟降。

種種事態發展把整個世界拖下水，很難不令人深感憤怒。但在此也要強調，這種憤怒不是針對武漢或中國本身，而是第一線醫療人員細心照顧患者又認眞工作，但專業自主權與判斷力卻遭到戕害。正如先前討論工作的章節所提，這種戕害是過去數個月以來，全世界疫情因應措施的常態。李文亮醫師只是悲劇的冰山一角。

値得注意的是，在疫情爆發之初，英國首席醫療官克里斯．惠提（Chris whitty）相對輕鬆的態度，迥異於本書採訪的NHS許多第一線專業人員的看法；他們已能料見醫院病床即將吃緊的窘況。而更令人憂慮的是，我收到了受困於中國封城朋友的WhatsApp訊息，他們認爲要英國孩子繼續上學根本「超扯」又「不負責任」。我記得英國實施全面封城前最後的日子裡，我一邊幫伊山和薩揚穿好學校制服，一邊感到深深的不安與沉重——既擔心眼前的兩個兒子，又心疼學校敬業的教師。

新冠肺炎肆虐全球的疫情，喚醒了社會大眾對心目中理想世界的深刻反思，也使我們更徹底地反省人生。

內在驅動力不作爲的代價

最後一章，我想談談如何轉換到更加注重內在驅動力的人生與世界。基本上有四大原則可以幫助我們朝這個方向前進，同樣適用於個人、機構或整個社會的情況。

從武漢爆發疫情與隨後的全球因應，我們也許可以推論出第一條原則：首先應該是計算無所作爲的代價。對於大部分世人來說，可能很容易就把內在驅動力與重燃內在驅動力當成是美好、正向但終究缺乏實質意義的事，但這其實是非常愚蠢又危險（甚至致命）的想法。

武漢爆發的危機帶給我們的啓示，就是內在驅動力不作爲的代價可能造成龐大傷害，危及我們的人生、經濟，甚或生活與生存方式。

假如李文亮和七位勇敢同仁的自主權獲得了尊重，那眼前可怕的全球疫情各種慘重損失勢必可以大幅減少。對所有人來說，這件事的關鍵教訓是：凡是心生疑惑的情況下，我們應該尊重專業的自主權，寧可過於謹慎也不要冒險。

創意獨具的新聞網站Axios4根據不同來源資料，精心整理出武漢疫情發展，❹

應該可視爲提醒社會大眾重視第一條原則。也就是說，我們經常可以計算出內在驅動力不作爲的代價，而幾乎從任何角度來看，都是付出了無比龐大的代價。

在其他部門，我們也親眼看到不作爲的各種影響深遠的成本——即不處理內在驅動力所面臨的巨大問題。在非營利部門，不同基金會負責人一再向我提到經濟大環境的艱困，讓許多非營利組織領導者和社會創業家深感挫敗，這也正不斷重挫他們的使命感。

有位基金會執行長談到，許多基金會不願意給予慈善組織足夠空間和彈性來適應艱困時代，她告訴我：「這個禮拜，我和三個贊助對象聊天，他們都講到淚流滿面，男性也不例外，因爲許多出錢的基金會行徑太離譜了。」她補充說：「以前對同業的不良行徑，很容易就當做沒看見，但現在得跟他們認眞談談了。」

我近來開始接洽一間無家者服務中心。在討論過程中，我發覺推廣主任（地方當局有時會稱爲無家者輔導主任）這個職務，使命感、自主體和專精度都被消耗殆盡。取而代之的是粗暴的衡量標準，迫使這些不可或缺的工作人員採用「無害」的方法，解決非常棘手的問題。

再者，績效目標帶來的壓力，也迫使他們追求短期指標——讓無家者有地方住，但這僅有短期成效，許多無家者數週後又回到街頭。

整體來說，我們已見識到若忽略內在驅動力的基本要件，可能會對個人、機構與社會造成巨大損失。

看到內在驅動力的機會

第二條原則是要看到內在驅動力的機會。運用小小的方法來處理內在驅動力問題，便可能替所有人帶來大大的改變。

大衛．盧貝爾（David Lubell）是認眞又受人喜愛，他創辦了兩個非營利組織——「好客美國」（Welcoming America）和現在的「好客國際」（Welcoming International）。當初成立「好客美國」，是因爲他發覺移民問題在美國當地社區可能會帶來愈來愈嚴重的結果，成爲隨時可能爆發的火藥庫。我身爲（自豪的）英國移民，一直很欽佩大衛的方法與決心，多年來持續密切關注他的工作。

大衛表示：「比如說，歐洲一個地區的移民從十萬上升到十一萬，跟上升到超過三十萬，兩者的天差地遠，這就會造成壓力。」這些變化可能帶來爆炸性的後果，許多美國城市就是如此。

大衛開發了實用的工具與方法，有助城鎮和社區更歡迎外來移民——更加開放、更有彈性也更爲包容。這包括「高關懷」（時間密集型）的挨家挨戶促進社區討論與參與，以及籌辦地方交流活動，抗衡德勒斯登等東德城市內與日俱增的極右派分子所散布的煽動資訊。比方說，「好客美國」策畫與推廣當地活動，讓移民和當地居民花時間交流相處。還特別突顯移民對社區帶來貢獻的正面故事。

說巧不巧，大衛已從波士頓搬到了柏林，因爲他認爲移民問題的大本營確定已轉移到歐洲。美國境內境外的兩百個社區與愈來愈多的國際社區，現在都是「好客美國」和「好客國際」網絡的一部分。

大衛的工作實際上是在地方社區重建社會資本。他支持羅伯特・普特南在《獨自打保齡》一書中分享的觀點，即社區正在「巴爾幹化」。他認爲核心問題是全球對地方社區沒有同理心——民眾逐漸失去與彼此的連結、歸屬與理解。各大城鎮逐漸失去內在驅動力，而大衛設法重燃他們的自主權（感到能開拓自我道路）、專精度（賦予他們國際競爭力）和使命感（透過開放、包容和繁榮的社區理念）。

雖然大衛無法證明科學上具有相關性，但他認爲內在驅動力的高低、城鎮所擁有的社會資本（他的方法便在大力培養社會資本），以及該城鎮對移民的開放程度，三者緊密相連。

慶幸的是，「好客美國」可以將美國城市納入其網絡，每年只需數萬美元，這包括城市需要承擔的成本，比如用於提升公民溝通效度的成本。這是十分重要的步驟，可以強化全世界城鎮的社會組織，十分划算，又有助確保當今社會開放、同理和包容等關鍵面向。

第二章提到的辛西亞．漢森在藝珂基金會同樣開創先河。她的信念是，未來的多元勢必會愈來愈體現在認知的多元，也就是思想百花齊放。屆時需要具備的能力，是讓眞正不同思維與技能的人合作，幫助團隊和組織動員起來。這是邁向前述願景重要的一步，所有人才都獲得肯定與培養。她召集了一群背景各異的思想領袖（我也是其中一員），重新認識人才和工作的多元，因而看到內在驅動力的機會。

艾迪娜．卡雷特已是成就不凡的美國醫師，卻對醫學教育的現狀感到失望。她告訴我：「現在的醫學畢業生並不缺乏奉獻的精神，但醫學本身已經太走向企業私有化。」因此，她在威斯康辛州克恩醫學教育改革研究院，接下一份令人期待的工作。她邀請了兩位哲學家和一位社會學家，一起重新進行思考，這可望大幅改變美國各地醫學院喚起醫學生內在驅動力的方式。她的首要任務是：重新檢視醫學的基本使命，同時也要檢視醫學教育。

在運動圈，「菁英表現顧問公司」（Elite Performance Partners）創辦人大衛・斯萊曼（David Slemen）爲了用事例說明爲何「不惜代價求勝」的態度有弊無利，已開始與許多一流運動團隊（包括數個英國足球協會球隊）合作。長遠來看，若主要能從內在心態調整，著重於提高專精度而不是競爭，絕對會有很棒的效果。他向那些一流足球俱樂部闡明，爲何「不惜代價求勝」這項外在的方法，反而害得許多優異的選手在關鍵時刻「失常」。他打造了全新的「學習網絡」，有點類似STiR教師網絡，讓不同運動項目的國家成績負責人定期聚會，分享可以改善現狀的看法。

英國已推出國家課輔服務（National Tuition Service，以下簡稱NTS）計畫，做爲政府和慈善機構之間的合作。正如我們所見，私人課輔在英國是價值二十億英鎊的產業——（想當然耳）幾乎完全都是中產階級以上的家庭享有。NTS則是利用科技，集結不同課輔師資，公開他們提供的課程，藉此降低成本，清寒家長則獲得直接補助，設法抗衡前文提到教育圈常見的「贏家全拿」現象。

科技可能摧毀人際關係，無論是線上交友或社群媒體的使用，我們愈來愈缺乏覺知，太過關心外在因素，助長了社會上「關係不平等」的現象。但若科技運用得當，同樣能提供審視內在驅動力的機會，也提供我們反抗的方式。創投「史畢羅風險公司」設法解決美國外科醫師維偉克．莫西（Vivek Murthy）精采論述的孤獨浪潮問題。[5]史畢羅投資於「Koko」這個線上平台，運用相同嗜好的社群與人工智慧，讓使用者能給予彼此支持。使用者要幫助彼此樂觀地思考周遭環境，人際互動有人工智慧支援（而非取代），藉此擴大人際網絡，宗旨是希望使用者不再感到孤立無援，明白許多人面臨類似的困境。Koko等其他先驅採取的方法，逐漸成功拓展到自殺防治等敏感領域。[6]

就個人來說，我正視了內在驅動力的機會，可望成爲更專注（也希望變成比以前更好）的家長。撰寫本書時，我看到一項嚇人的統計資料：根據皮尤研究顯示，美國父親每天平均只花二十分鐘專心與孩子相處。[7]我與凱西．韋斯頓博士（Dr Kathy Weston）等英國親職教養專家近來也一再討論，如何才能重新激發、想像父親的角色。但更重要的是，我也認眞地身體力行。如今，我和伊山早上都會在後院打板球（結果愈來愈多球落在鄰居花園裡），配合他益發熱烈的板球魂；我和薩揚會一起聽音樂。新冠肺炎疫情封城期間，我被迫做了件之前沒做過的事：待在原地。說來諷刺，我因此回到了原本不會來到卻又百般需要的地方：家。

內在驅動力的機會確實會出現。你看到機會時，務必好好把握，因為機會可能比想像得更容易實現，成本也更低。

管理外在的不利因素

第三條原則是管理外在的不利因素。

本書一再出現的主題是，更加注重內在驅動力會伴隨潛在的風險與缺點。與其抱持駝鳥心態視而不見，不如率先找出這些風險，加以積極管理。

舉例來說，我們討論到教養是要讓孩子培養對活動本身的熱愛，而不是汲汲營營地競爭。

我非常高興看到草地網球協會最近一項倡議。該協會寫信給橙色級別選手（通常在九至十一歲之間）的家長，宣布放寬比賽規定。正如我們在第五章中所見，過去的積分制度導致了僵化的人才制度，過度焦慮的家長更造成惡性循環。因此他們宣布全新規定時，我覺得是令人驚喜又值得肯定的舉措。

然而有一個問題：草地網球協會未適當思考如何向年輕網球選手的父母清楚傳達新的方針，以及他們得設法克服哪些擔憂。

消息傳開，眾家長一片嘩然。我沒開玩笑，我們當地網球中心分享該公告的數分鐘內，我的網球家長WhatsApp群組就被焦慮爸媽的數十條訊息灌爆了。

「『巴比』真的很拚命要得名耶，」其中一條訊息說：「這樣他要怎麼辦？」

「我孩子怎麼會有動力繼續打球呢？」另一名家長問道。

問題是，草地網球協會並沒有說明新規定與大環境的關聯。我瀏覽該協會官方網站時，出現的畫面看得出真心把孩子擺第一，希望他們盡情玩耍、樂在其中。該協會正視到過去比賽體制一直扼殺運動的樂趣。他們已邁出了改變的一小步，但未表明他們想跨足內在驅動力這個大方向——這只會進一步加深家長原本的焦慮。

這條原則如何應用於先前討論的另一個人生面向，即我們的重要人際關係呢？

我們在本書中談了許多維持關係的優點，但若一段關係（尤其是婚姻）走不下去了怎麼辦？我們也要幫助夫妻雙方處理這類情況。露西．威廉森（Lucy

Williamson）是住在劍橋的離婚顧問，她幫助客戶處理艱難的離婚手續，這與普拉狄帕的生育顧問有著異曲同工之妙。露西告訴我，關鍵的原則是減少「離婚後遺症」，並眞正確保雙方爲個人行爲負責，其中包括幫助他們理解爲了外在因素勉強在一起的情感成本。一旦婚姻關係注定走向結束，她會在雙方經歷難熬的離婚過程中，提供輔導與支持。

針對風險和缺點事先做好管理後，改變的道路就會少了許多障礙。就前文探討過的教育來說，英國成立了非政府教育委員會，由皇家學會主導。該委員會縝密的報告[8]提出許多優秀的建議，設法幫助全國各級學校因應當前的困境。此外，委員會還提供了路線圖，指導學校廣泛培養孩子對學習的終身熱愛，同時顧及學業嚴謹度的要求。ＯＥＣＤ的安德烈亞．史萊克（Andreas Schleicher）發明了ＰＩＳＡ這個比較各國教育水準的測驗。針對這個問題，他的結論如下：「在職場上，無論機器可以取代人類哪些工作，對於知識和能力的需求只會不斷增加，這樣才能爲社會和公民生活做出實質的貢獻。」

此話說得眞好。只要能抗衡外在的不利因素，我們都可以持續進步。

找到小步驟，按部就班前進

我們如何朝著眞正永續的方向繼續探索內在驅動力呢？我們的第四條原則就是關鍵：找到一個個小步驟，按部就班朝此方向前進。小步驟只要循序漸進，便可以建立驅動力與衝勁，讓人走上強化自我的道路。

美國的「家庭獨立倡議」（Family Independence Initiative）就是令人期待的模式，他們幫助弱勢低收入戶走上了這條道路。這項計畫提供的現金匯款，有助打造整家人的使命感、自主權和專精度——一切都是爲了幫他們住房和經濟地位向上流動。弱勢家庭的輔導過程都是設計得循序漸進，最關鍵的環節是全家人共同擬定目標。接著，他們再決定短期小步驟的重點：可能是針對托兒、儲蓄或學費的決策。

一旦落實自我強化的正向小步驟後，未來便開展出許多希望。當然，部分慈善基金會在新冠肺炎疫情期間未能挺身而出，但其他不少基金會已跨出重要的第一步。齊聲基金會（Chorus Foundation）創辦人兼總裁法哈德・易卜拉希米（Farhad Ebrahimi）在《慈善內幕》期刊的一篇文章中指出，自從新冠肺炎爆發以來，許多基金會不厭其煩地告訴贊助對象，他們可以「鬆綁」對資金的限制，才能靈活地因應危機，而且如果有困難，基金會還會提供額外支持，以期平安度過難關。[9]易卜拉希米贊成社運人士暨哲學家陳玉平（Grace Lee Boggs）的觀點：「每一次發生危機，無論是眼下出現的危機，或即將來臨的危機，都要當做是推動社會變革的機會」。[10]

我衷心希望這是基金會即將邁出的重要第一步，正如第三章所述，愈來愈把自己視爲孕育人才的伯樂。

福特基金會早期的BUILD計畫，將非營利組織安排在慈善事業的核心，計畫初期帶來的另一項啓示，說明了持續小步前進的重要性。

在訪問BUILD計畫的推手凱西・萊克斯（Kathy Reich）和維多利亞・鄧寧（Victoria Dunning）後，我明白了謙卑的道理。凱西對我說：「我不是特別有遠見的人，但是我的工作是幫助有遠見的人實現夢想。」他們當初沒有事先擘畫好的藍圖可以參考，於是一切就先採取小步驟，然後漸漸找到一批贊助對象，記錄他們的心得、嘗試全新的應變方式，快速地學習與實驗。

這項方法不僅建立贊助對象的信任，也取得基金會內部對領導者的信任。董事會看到第一輪的成果後，便又核准了十億美元，挹注於第二輪方案。而第二輪贊助有個明確目標：說服其他基金會跟進——這會產生巨大的滾雪球效應，解決慈善圈人才培育面臨的挑戰。但正是BUILD計畫推行初小型（且實驗性質濃厚）的步驟一再強化，才能使每個小雪花慢慢堆積成價值二十億美元的大雪球。

內在驅動力革命，此刻開始

簡而言之，想要轉換到更注重內在驅動力的人生，以下是四大原則：

一、評估不作爲的成本，即不處理當前內在驅動力問題會造成的衝擊。
二、看見內在驅動力的機會，因爲可能比想像中更容易實現。
三、管理外在的不利因素，否則只會阻礙進步。另外，還要清楚闡明內在驅動力的大方向。
四、實施自我強化的小步驟，慢慢前進。

從本書的許多故事中，都可看到不作爲的個人代價有多高。管理學作家喬．歐文（Jo Owen）告訴我，他身爲埃森哲公司（Accenture）的合夥人，來回穿梭在高級飯店之間，呵護著那些成就非凡又極爲龜毛的顧問自尊心，卻只感到一股空虛和徒勞。廚師艾絲瑪．汗告訴我，丈夫穆斯塔克陷入劍橋的學術高塔中時，她只覺得孤獨感撲天蓋地襲來，但搬到倫敦後，與志同道合的同事來往，重燃了她的人生動力，進而確立了新方向，開設「大吉嶺特快車」（Darjeeling Express）這家餐廳。

在太多情況下，我們明知這類個人成本帶來的感受深刻又劇烈，卻把伴隨的痛苦感壓抑下來。艾芙莉．羅斯（Avery Roth）是紐約的領導力教練，幫助客戶因應艱難的人生轉型。她告訴我，對許多客戶來說，重點都是讓心中的「內在小孩」發聲，重拾擁有發言權的感受，如此才能正視目前的生活方式造成的痛苦。

看到內在驅動力的機會也很關鍵，也就是可以察覺到送上門的機會。喬．歐文在美國四處旅行時，對於當時的工作認同備感絕望，但因緣際會下，他聽到「爲美國而教」創辦人溫蒂．卡普（Wendy Kopp）在國家電台的一席話。忽然之間，他福至心靈，立即打電話給她，這在他看來眞的好瘋，但他後來在英國與人共同創辦了「教學優先」組織，目前已成爲英國最大的大學畢業生最大的招聘機構。此舉也讓他有動力寫下第一本領導力書籍，隨後參與STiR等數個非營利組織，開拓了跨領域的職涯。從寫作與非營利工作中，他獲得的經驗與名聲相輔相成，後來的事便不必贅述了。

梅麗莎·舒斯特曼（Melissa Shusterman）是二〇一八年當選的賓州州議員。她告訴我，自己在看到內在驅動力的機會之前，是先察覺賓州現有民選官員鮮少把像她這樣的普通公民「放在心上」。她說：「他們就是沒考量我們的利益。」她認為，女性更能切身體會這點。梅麗莎深入研究了投票紀錄和開銷，看到停滯不前的狀況；賓州整個政治制度充斥著自滿的氛圍。她也可以察覺到（或說嗅到）自己的機會，還獲得一個社會團體的支持，該團體專門幫女性政治人物找到自我獨特的聲音、發展出堅實的基層競選活動。儘管許多人勸梅麗莎這只是白費工夫，她還是決定參選，最後也順利當選，甚至獲命爲賓州副議長。

即使看到了機會，你也可能會覺得很可怕。領導力教練艾芙莉·羅斯對我說，她在訓練客戶時，都會叫他們「深呼吸、停止懷疑」。決策的關鍵時刻之前都可以保持理性。但她說，到了決策時就得相信自己，再害怕也要勇於嘗試。

管理外在的不利因素對於個人轉換跑道同樣重要。我與駐倫敦的莎曼珊·克拉克（Samantha Clarke）交談時，她告訴我，自己仔細考慮了從廣告業轉換跑道當企業幸福顧問，對於個人財務與自我認同有何意義。這意味著要離開一份收入豐厚、備受敬重的傳統工作。她老實地告訴我，自己的雙親對此滿頭問號，她不得不與他們展開艱難的對話，當然還有心中的內疚感——因爲父母移民到國外，付出許多犧牲，只爲了讓她有良好的教育和機會，從事原本那份高薪又受敬重的工作。但與父母懇談後，莎曼珊更能接納自己與新的工作。她經由輔導倫敦各大當紅新創企業執行長（包括「第二個家」），提點他們如何營造更幸福、更注重內在驅動力的職場，眞正實現了她個人的內在價值。

你在轉換的過程中，務必要拿捏其中的平衡。佛朗索瓦．古莫（Francois Coumau）是我在eBay的前同事，他與莎曼珊一樣，放棄了位高權重的企業生涯，轉而去指導新創公司執行長，不過是針對如何管理成長。他熱愛自己的新工作，但爲了在大企業的圈子裡「維持手感」，他也在數家中等規模的上市公司中擔任董事。

華盛頓特區的教練艾咪．馬修斯（Amy Matthews）認爲，就工作認同來說，女性和弱勢族群更要管理外在的不利因素。舉例來說，我帶領STiR的那些年，參加商學院同學會時都十分不自在，因爲他們都任職於麥肯錫或高盛等大型企業。「社會創業家」的標籤讓我覺得自己像格格不入的「野草」，而不是一株引人注目的「植物」。我學會了在工作認同中獲得自信，也發覺其實許多同學都十分欽佩我踏上不同的跑道。

最後一條原則——落實反覆強化的小步驟，始終朝著大方向前進——對於個人轉換跑道無比重要。這代表凡事並非一蹴可及，而且往往人生單一面向，可以發揮主導作用，比如工作或教養。

絕佳的例子就是，我們打算轉換人生跑道或工作環境時，個人財務狀況也會隨之改變。莎曼珊·克拉克向我強調，踏上全新的人生方向時，若沒有足夠的財務實力當後盾，便沒有任何意義。她的建議是起初可以先兼職工作，逐漸建立信心、穩定累積財產，預備日後大刀闊斧的改變。

歐洲工商管理學院前教授荷蜜妮亞·伊巴拉（Herminia Ibarra）進行的嚴謹研究，也支持她的觀點。伊巴拉教授研究的是一般人如何成功轉換職涯跑道，⓫ 結果發現幾乎所有情況下，他們都是先採取小步驟，想辦法「嘗試」新的職涯方向，同時也持續原本的工作，直到確定適合自己才行動，而且如同莎曼珊的建議，他們屆時也已有足夠經濟能力轉換跑道。但關鍵在於，他們一開始就沒有迴避小步驟，而是欣然接納眼前事物帶來的興奮感與發現。

克萊兒‧哈伯（Claire Harbour）也是一名教練，協助客戶完成生涯重大改變，尤其是職場的轉換。她認爲，假如行動得太過倉促、太早轉換跑道，可能會適得其反。她向我分享了一個故事：有名前途無量的年輕經理，原本在汽車公司業績太過出色，因而說巧不巧地被借調到武漢的營運部門，只不過當時新冠肺炎一詞任何人都還沒聽過。

這帶來的刺激實在不可思議，她大開眼界，接觸不同的文化、工作與生活方式等各種新事物。但就像吃到一道辣過頭的菜色，到頭來反而其他佳餚吃不出味道，她的事業起步沒多久就見了世面又被賦予重責大任，於是回到總部後難以適應正常生活。如今，她在同一個職位上待了多年，似乎只渴求舒適和穩定。克萊兒設法了解的是，個中原因是否在於她職涯初期就闖蕩過度，還有當初雇主是否能把她的職涯發展切割成更小又循序漸進的步驟。

阿伊達的職涯也是按部就班地一步步前進。她最初的目標是成爲會計師，不過這是迫於隱性壓力而非個人選擇，因爲她父親就在金融業工作。但我認爲，這從來都不是她眞正熱衷的工作。某次偶然與朋友的朋友認識後（類似我們倆的相遇過程），她對於正念產生興趣，開始在倫敦佛教中心接受培訓。這進一步喚起她對瑜伽的熱愛，隨後報名參加人本諮商的基礎課程，半工半讀完成了第一年學位課程。

現今，她剛獲鮑比中心（Bowlby Centre）錄取，參加為期四年的專業培訓，結束後便可成為一名心理治療師。鮑比中心正是發展出依附理論的機構，我們先前在親密關係和親職教養的章節探討過這個理論。

阿伊達對於現在的生活更加快樂、充滿熱情，我很高興自己一路走來都支持她轉換跑道（她也大力支持我在職涯上的轉換）。從會計師到心理治療師可說是巨大的轉變，尤其她是在法國教育制度中完成會計系的學業，一般人通常都會順應社會期待，從事與本科系相同的工作。但一步一腳印前進，就會愈走愈遠。

我很幸運，每天早上都能帶著明確的使命感醒來。希望本書能鼓勵你找到工作的使命感。有時這代表你得轉換目前的工作，但希望大部分情況下，光是透過重燃驅動力、重塑框架、重新打造目前的工作，你就會感受到真正的內在驅動力，曉得自己的工作能大幅幫助、服務他人。

希望你能在人生中找到一位（或很多位）識人的伯樂，在你最擅長的領域發揮獨特的才華。一旦找到自己伯樂時，讓他們引導你達成自己到不了的境界，同時確保他們能讓你熱愛這項活動本身。可能的話，不妨也成爲你眞正熱愛事物的伯樂。如此一來，你也能貢獻一份心力，協助實現人人受到栽培的理想世界。

在營造更專注於內在驅動力的生活方式時，希望你也會找到或重新發現自己的人生伴侶，每當辛苦的一天結束時，這個人可以緊緊抱著你，賦予你安全感。

若是爲人父母，希望你能幫助孩子見樹又見林，挖掘美好童年眞正重要的事，並且培養出善良又有愛的人，讓他們有能力駕馭人生中的曲曲折折。

希望每當有人針對驅動力提出落伍的假設時，比如「有錢能使鬼推磨」，你會勇於指正他們。

最後，希望你透過手中的選票和影響力，督促國家領導者重新找到自己從政的使命感，這樣他們才能打造共同的國家使命。

最重要的是，希望你會記得，我們常常對於未做的事心生懊悔，對自己做的事卻沒產生相同強烈的情緒。但我們可以針對行動的不利因素與風險進行管控。

拉傑什·克里希納穆西（Rajesh Krishnamoorthy）看到洪水肆虐自己的美麗家園喀拉拉邦（Kerala）時，不禁懷疑起自己人生的輕重緩急是否出了問題，以及在孟買每日節奏快速的工作背後有何意義。他做的第一件事就是回到喀拉拉邦，直接參與洪水救援工作。

但他做的第二件事，也是讓我產生共鳴的事，就是心存感激地回顧起自己的過往。喀拉拉邦進入緊急狀態時，讓他發覺過去的老師們有多重要。於是，他和六個老同學騎著摩托車，在喀拉拉邦展開了一趟謝師之旅，尋找以前所有教過自己的老師。他真的從一個村子騎到另一個村子，挨家挨戶拜訪，與每位老師共進午餐、早餐或晚餐。他給我看旅途中拍下的照片——老師們一臉不可置信，與他們共同享用酥脆的印度煎薄餅、燉菜和鮮嫩多汁的椰漿咖哩魚等佳餚——我看得肚子咕嚕咕嚕地叫，但同時雙眼也泛著淚光。

拉傑什現今認爲，自己的使命是打造更好的印度。他目前替印度許多前景可期的非營利組織，擔任輔導和培育的角色，其中也包括STiR。整個過程充滿曲折，分成許多微小的步驟，他得小心翼翼地進行管理，才能在自家財務上需求取得平衡。但一切都始於與老師們聊天這個簡單的舉動。他仔細聽取老師們的看法，直接明白了不作爲的代價，結果是影響數億同胞的身家性命。這便是促使他行動的契機。

無論對於個人、機構或整個社會來說，過渡到重視內在的人生並不容易。但若我們遵循四大原則——計算不作爲的成本、正視內在驅動力的機會、管理外在的不利因素、採取自我強化的小步驟，就有可能辦到。說不定，這會是人生中做過最充實又最有收穫的事。

人生在世，無論是否眞的養兒育女，我們都算是廣義的父母。正如三二一教育基金會創辦人高拉夫・辛格（Gaurav Singh）所說，我們的首要之務，絕對是留給後代更美好的地球，方法就是重燃我們身爲員工、父母、朋友、教練、配偶和公民的內在驅動力。

此刻不重新思考人生眞正重要的事，更待何時？

換句話說，內在驅動力革命實屬必要，也值得追求。此刻不做，更待何時？

致謝

幸虧有眾多朋友與同事的支持與不藏私，我才有機會寫完本書。囿於篇幅，在此只能提及一小部分，但凡是陪我走過這段驚奇之旅的人都了然於心。

當初產生寫書的念頭，都是因爲Sema Sgaier和Daniel Franklin兩人鼓勵。感謝與優秀的經紀人Rachel Mills與我偶然會面，幫助我從半頁的架構拓展爲現在的本書樣貌。在Alexandra Cliff和Rachel Mills Literary出版社其他同事的支持下，我走完了這趟寫作之旅，也順利與英國和世界各地的出版社建立合作關係。

感謝Claudia Connal和Octopus Publishing出版社的團隊，包括Sybella Stephens、Charlotte Cole、Megan Brown和Charlotte Sanders，打從一開始就對本書提出的概念深信不疑，一直是我極爲傑出的夥伴和伯樂。他們在我斷斷續續的寫作過程中，一直保有耐心與鼓勵，協助本書呈現出最佳樣貌。

若非當初有創辦STiR教育機構的經歷，我絕對不可能接觸到內在驅動力的範疇。爲此，我永遠感謝參與創業的每個人，包括我們的領導團隊、同事、董事會、支持者和合作夥伴。最重要的是，感謝他們在我摸索人生最艱難的事業冒險期間，全都展現了無比的耐心。特別感謝Jo Owen、James Townsend、Nithya Gurukumar、Rein Terwindt、Anamika Srivastava、John McIntosh、Tomos Davies和Jenny Wilmott等人，他們不得不奉獻部分個人職涯，陪我度過格外漫長的時光！希望他們像我一樣樂在其中。

另外要大力感謝協助我成立「內在實驗室」（Intrinsic Labs）的合作夥伴與諮詢委員會。可以把書中想法化爲現實，看到已然形成的動能，簡直太美妙了。我也十分感謝Michaela Tranfield在實驗室草創頭一年給予的鼎力支持，也要感謝Adi Raj、Mike Jacob和Lesley Lotto協助推動實驗室成立。

我非常幸運，獲得其他作家與出版前輩許多建議與支持，包括Malcolm Gladwell、Nir Eyal和Dan Heath等等。感謝Ashley Brady、Sasha Berson、Rein Terwindt和John McIntosh對本書早期版本的（溫和）回饋。

我要抽出時間寫書，甚至又一度領導兩個組織，絕對得付出犧牲。細數無數個週末、傍晚和清晨，我都埋頭在「第二個家」書桌前找靈感，或在飛機上振筆疾書。我實在幸運，阿伊達、伊山和薩揚自始至終都大方讓我有空寫作，對於我承擔的風險，他們替我感到開心，而非多有怨懟。感謝我的父母在我遇到「文思泉湧期」，幫助照顧兩個孩子。我何其有幸，身邊有如此了不起的家人陪伴，即使是陷入寫作瓶頸的絕望日子，我依然有堅持下去的動力。

本書各項洞見奠基於全世界許多專家學者、從業人員和思想家的研究和實踐。我寫書過程中最大的樂趣，莫過於和他們聊天，埋頭拜讀研究的時光。希望我在本書納入眾多主題的嘗試，足以反映他們的研究有多傑出；更重要的是，希望這能鼓勵讀者透過書中參考文獻和書目，更深入認識他們宛如寶藏般的原作。特別要感謝Richard Ryan，以及共同促成學術圈研究內在驅動力的浪潮。

還要感謝接受我訪問的許多人，他們來自世界各個角落，坦誠分享各自的希望和恐懼。假如沒有你們提出的觀點，本書根本不可能順利完成。

最後，我想感謝本書每一位讀者，付出寶貴的時間閱讀，希望本書帶給你靈感與樂趣，務實地陪伴你踏上前方的旅程。

註釋

第一章　一趟探索內在驅動力之旅：從心力交瘁到重燃熱情

1 As quoted in Clemmer, Jim. *The Leader's Digest: Timeless Principles for Team and Organization Success* (TCG Press, 2003), p84.

2 'A Billion Brains', *The Economist*, 29 September 2012, https://www.economist.com/special-report/2012/09/29/a-billion-brains (Accessed 11 March 2021).

3 感謝波士頓學院的提姆・克萊恩（Tim Klein）提供這個譬喻。

4 Maslow, A H. 1943. 'A Theory of Human Motivation', *Psychological Review*, 50 (4): 370–96.

5 Harlow, H F. 1958. 'The Nature of Love', American Psychologist 13 (12): 673–86.

6 Herzberg, Frederick. 'One More Time: How Do You Motivate Employees?', *Harvard Business Review*, January 2003, https://hbr.org/2003/01/one-more-time-how-do-you-motivate-employees (Accessed 11 March 2021).

7 Ryan, Richard M,. and Deci, Edward, L. *Self-Determination Theory: Basic Psychological Needs in Motivation, Development, and Wellness* (Guilford Press, 2018).

8 Pink, Daniel H. Drive: *The Surprising Truth About What Motivates Us* (Riverhead Books, 2009).

9 Dweck, Carol. *Mindset: Changing the Way You Think to Fulfil Your Potential* (Robinson, 6th edn, 2017).

10 Keynes, John Maynard. *The General Theory of Employment, Interest and Money* (Macmillan, 1936).

11 *Education for All: Towards Quality with Equity, India* (National University of Educational Planning and Administration, 2014), https://unesdoc.unesco.org/ark:/48223/pf0000229873?posInSet=2&queryId=b60ebaad-a215-4783-bb23-e566586961ce (Accessed 11 March 2021).

12 *National Education Policy 2020* (Ministry of Human Resource Development, Government of India, 2020), https://www.education.gov.in/sites/upload_files/mhrd/files/NEP_Final_English_0.pdf (Accessed 11 March 2021).

13 Harter, Jim. 'Dismal Employee Engagement Is a Sign of Global Mismanagement', https://www.gallup.com/workplace/231668/dismal-employee-engagement-sign-global-mismanagement.aspx (Accessed 11 March 2021).

14 Gladwell, Malcolm. *Outliers: The Story of Success* (Little, Brown, 2008).

15 'The Economic Impact of Closing the Racial Wealth Gap', McKinsey & Company, 13 August 2019, https://www.mckinsey.com/industries/public-and-social-sector/our-insights/the-economic-impact-of-closing-the-racial-wealth-gap# (Accessed 11 March 2021).

16 Topping, Alexandra. '"Fear of Failure" Giving UK Children Lowest Happiness Levels in Europe', *Guardian*, 28 August 2020, https://www.theguardian.com/lifeandstyle/2020/aug/28/fear-of-failure-giving-uk-children-lowest-happiness-levels-in-europe (Accessed 11 March 2021).

17 Dalai Lama, Tutu, Desmond, and Abrams, Douglas Carlton, *The Book of Joy: Lasting Happiness in a Changing World* (Hutchinson, 2016).

18 Fukuyama, Francis. *The End of History and the Last Man* (Hamish Hamilton, 1992).

第二章 工作與內在驅動力：從求取平衡到積極參與

1 Grant, Adam. 'What Straight-A Students Get Wrong', *New York Times*, 8 December 2018, https://www.nytimes.com/2018/12/08/opinion/college-gpa-career-success.html (Accessed 11 March 2021).

2 Mandavilli, Apoorva. 'H.I.V. Is Reported Cured in a Second Patient, a Milestone in the Global AIDS Epidemic', *New York Times*, 4 March 2019, https://www.nytimes.com/2019/03/04/health/aids-cure-london-patient.html (Accessed 11 March 2021).

3 Pryce-Jones, Jessica. *Happiness at Work: Maximizing Your Psychological Capital for Success* (Wiley, 2010).

4 West, Michael, Bailey, Suzie, and Williams, Ethan. *The Courage of Compassion: Supporting nurses and midwives to deliver high-quality care* (Kings Fund, 2020), https://www.kingsfund.org.uk/publications/courage-compassion-supporting-nurses-midwives (Accessed 11 March 2021).

5 Christensen, Clayton M, Allworth, James, and Dillon, Karen. *How Will You Measure Your Life?* (HarperCollins Publishers, 2012).

6 Ryan, *Self-Determination Theory*.

7 Shell, Ellen Ruppel. *The Job: Work and Its Future in a Time of Radical Change* (Currency, 2018).

8 Scott, Dylan. 'Kamala Harris's Plan to Dramatically Increase Teacher Salaries, Explained', *Vox*, 26 March 2019, https://www.vox.com/policy-and-politics/2019/3/26/18280734/kamala-harris-2020-election-policies-teachers-salaries (Accessed 11 March 2021).

9 Béteille, Tara and Evans, David K. *Successful Teachers, Successful Students: Recruiting and Supporting Society's Most Crucial Profession* (World Bank Group, 2019), http://documents1.worldbank.org/curated/en/235831548858735497/Successful-Teachers-Successful-Students-Recruiting-and-Supporting-Society-s-Most-Crucial-Profession.pdf (Accessed 11 March 2021).

10 Ryan, *Self-Determination Theory*.

11 Kohn, Alfie. *Punished by Rewards: The Trouble with Gold Stars, Incentive Plans, A's, Praise, and Other Bribes* (Houghton Mifflin, 1993).

12 Bénabou, Roland, and Tirole, Jean. 2006. 'Incentives and Prosocial Behavior', *American Economic Review* 96 (5): 1652–78.

13 Promberger, Marianne and Marteau, Theresa M. 2013. 'When Do Financial Incentives Reduce Intrinsic Motivation? Comparing Behaviors Studied in Psychological and Economic Literatures', *Health Psychol*. 32 (9): 950–7. Erratum in: 2013. *Health Psychol*. 32 (11): 1148.

14 Ryan, *Self-Determination Theory*.

15 Wronski, Laura, and Cohen, John. 'The Next Silicon Valley Exodus—Over 25% of Tech Sector Wants Permanent Work From Home', *CNBC*, 20 May 2020, https://www.cnbc.com/2020/05/19/how-silicon-valley-work-from-home-forever-will-hit-every-worker.html#:~:text=In%20the%20new%20CNBC%7CSurveyMonkey,often%20than%20they%20used%20to (Accessed 11 March 2021).

16 'More Than 60 Per Cent of the World's Employed Population Are in the Informal Economy', *International Labour Organization*, 30 April 2018, https://www.ilo.org/global/about-the-ilo/newsroom/news/WCMS_627189/lang--en/index.htm#:~:text=employed%20population%20...-,More%20than%2060%20per%20cent%20of%20the%20world' s%20employed%20population,work%20and%20decent%20working-%20conditions (Accessed 11 March 2021).

17 O' Grady, Sarah. 'No Desire to Retire, Say Over-50s', *Express*, 15 November 2018, https://www.express.co.uk/news/uk/1045907/retirement-no-desireto-retiresay-over-50s (Accessed 11 March 2021).

18 Savage, Maddy. 'Burnout Is Rising in the Land of Work-Life Balance', *BBC Worklife*, 26 July 2019, https://www.bbc.com/worklife/article/20190719-why-is-burnout-rising-in-the-land-of-work-life-balance (Accessed 11 March 2021).

19 Gratton, Lynda and Scott, Andrew J. *The 100-Year Life: Living and Working in an Age of Longevity* (Bloomsbury Publishing, 2016).

20 Lin, Blossom Yen-Ju. 2013. 'Job Autonomy, Its Predispositions and Its Relation to Work Outcomes in Community Health Centers in Taiwan', *Health Promotion International*, 28 (2): 166–77.

21 Parsons, Sharon K, et al. 2003. 'Determinants of Satisfaction and Turnover Among Nursing Assistants. The Results of a Statewide Survey', *Journal of Gerontological Nursing*, 29 (3): 51–8.

22 Gladwell, Malcolm. *The Tipping Point: How Little Things Can Make a Big Difference* (Little, Brown, 2000).

23 Levitt, Steven D, and Dubner, Stephen J. *Freakonomics: A Rogue Economist Explores the Hidden Side of Everything* (Allen Lane, 2005).

24 Interview with a west London resident (anonymous), August 2020.

25 Guilfoyle, Simon J. *Intelligent Policing: How Systems Thinking Approaches Eclipse Conventional Management Practice* (Triarchy Press, 2013).

26 Obama, Barack. *Dreams From My Father: A Story of Race and Inheritance* (Canongate Books, 2007).

27 Obama, Barack. *The Audacity of Hope: Thoughts on Reclaiming the American Dream* (Canongate Books, 2008).

28 Martel, Yann. *Life of Pi* (Canongate Books, 2002).

29 Ross, Terence F. 'Is It Ever Okay to Make Teachers Read Scripted Lessons?', *Atlantic*, 10 October 2014, https://www.theatlantic.com/education/archive/2014/10/is-it-okay-to-make-teachers-read-scripted-lessons/381265/ (Accessed 11 March 2021).

30 'The State of Education: Workload', National Education Union, 16 April 2019, https://neu.org.uk/press-releases/state-education-workload (Accessed 11 March 2021).

31 Prtichett, Lant. *The Rebirth of Education: Schooling Ain't Learning*, Center for Global Development, 2013, https://www.cgdev.org/sites/default/files/rebirth-education-introduction_0.pdf (Accessed 11 March 2021).

32 techer, Brian, et al. *Improving Teaching Effectiveness: Final Report: The Intensive Partnerships for Effective Teaching Through 2015–2016* (RAND Corporation, 2018) https://www.rand.org/pubs/research_reports/RR2242.html (Accessed 11 March 2021).

33 Ravitch, Diane, *The Death and Life of the Great American School System: How Testing and Choice Are Undermining Education* (Basic Books, 2010).

34 Stark, Lisa. 'Prison Time Begins for Atlanta Educators Convicted in Cheating Scandal', *Education Week*, 10 October 2018,https://blogs.edweek.org/edweek/District_Dossier/2018/10/prison_time_begins_for_atlanta.html?s_kwcid=AL!6416!3!266402628866!b!!g!!&cmp=cpc-goog-ew-dynamic+ads+recent+articles&ccid=dynamic+ads+recent+articles&ccag=recent+articles+dynamic&cckw=&cccv=dynamic+ad&gclid=EAIaIQobChMI7IHS5_Xl6wIVDOJ3Ch0DDAywEAAYASAAEgJu9PD_BwE (Accessed 11 March 2021).

35 Gladwell, *Outliers*.

36 Epstein, David. *Range: How Generalists Triumph in a Specialized World* (Macmillan, 2019).

37 Ramadan, Al, et al. *Play Bigger: How Rebels and Innovators Create New Categories and Dominate Markets* (Piatkus, 2016).

38 Nemo, John. 'What a NASA Janitor Can Teach Us About Living a Bigger Life', *Business Journals*, 23 December 2014, https://www.bizjournals.com/bizjournals/how-to/growth-strategies/2014/12/what-a-nasa-janitor-can-teach-us.html(Accessed 11 March 2021).

39 'Workspace As Creative As You', Second Home, https://secondhome.io (Accessed 11 March 2021).

40 Chandra, Vikram. *Sacred Games* (Faber & Faber, 2011).

41 Duranti, Avanti, et al. *Safety Concerns and Reporting of Crime*, IDFC Institute, 2017, https://www.idfcinstitute.org/site/assets/files/12318/satarc_april272017.pdf (Accessed 11 March 2021).

42 Laloux, Frederic. *Reinventing Organizations: A Guide to Creating Organizations Inspired by the Next Stage in Human Consciousness* (Nelson Parker, 2014).

43 Heath, Dan, and Heath, Chip. *Switch: How to Change Things When Change Is Hard* (Random House Business, 2010).

44 Gillet, Nicolas, et al. 2013. 'The Role of Supervisor Autonomy Support, Organizational Support, and Autonomous and Controlled Motivation in Predicting Employees' Satisfaction and Turnover Intentions', *European Journal of Work and Organizational Psychology 22* (2): 450–60.

45 'Transforming the Education Workforce: Learning Teams for a Learning Generation', The Education Commission, 2019, https://educationcommission.org/wp-content/uploads/2019/09/Transforming-the-Education-Workforce-Full-Report.pdf (Accessed 11 March 2021).

46 Nisen, Max. 'Why GE Had to Kill its Annual Performance Reviews After More Than Three Decades', *Quartz*, 13 August 2015, https://qz.com/428813/ge-performance-review-strategy-shift (Accessed 11 March 2021).

47 'InDay Speaker Series with Selena Rezvani', YouTube, 2 May 2012, https://www.youtube.com/watch?v=Q5ttK0XQ5lg&ab_channel=LinkedIn (Accessed 11 March 2021).

48 Crehan, Lucy. *Cleverlands: The Secrets Behind the Success of the World's Education Superpowers* (Unbound, 2017).

49 *Reducing In-School Variation: Making Effective Practice Standard Practice*, Training and Development Agency for Schools, 2009, https://dera.ioe.ac.uk/1276/1/isv_guide.pdf (Accessed 11 March 2021).

50 Keller, Scott, and Meaney, Mary. 'Successfully Transitioning to New Leadership Roles', McKinsey & Company, 23 May 2018, https://www.mckinsey.com/business-functions/organization/our-insights/successfully-transitioning-to-new-leadership-roles (Accessed 22 March 2021).

51 Grant, Adam. *New York Times*.

52 Pryce-Jones, Jessica. *Happiness at Work: Maximizing your Psychological Capital for Success* (Wiley, 2010).

第三章　成功與內在驅動力：從少數菁英到人才輩出

1 Ridgers, Bill. *The Economist Book of Business Quotations* (Economist Books, 2021).

2 Badenhausen, Kurt. 'Roger Federer's Uniqlo Deal Pushes His Endorsement Earnings to Highest By An Athlete', *Forbes*, 2 July 2018, https://www.forbes.com/sites/kurtbadenhausen/2018/07/02/roger-federers-uniqlo-deal-pushes-his-endorsement-earnings-to-the-worlds-highest/#3b50d61d42a1 (Accessed 11 March 2021).

3 'Novak Djokovic: When Crowd Chanted "Roger" I heard "Novak"', YouTube, 14 July 2019, https://www.youtube.com/watch?v=8jf3Z6XfqFM (Accessed 11 March 2021).

4 Lazear, Edward, and Rosen, Sherwin. 'Rank-order Tournaments as Optimum Labor Contracts', Working Paper No. 401, National Bureau of Economic Research 1979, https://www.nber.org/system/files/working_papers/w0401/w0401.pdf (Accessed 11 March 2021).

5 ‘Remarks by the President in Back to School Speech in Philadelphia, Pennsylvania’, The White House, 14 September 2010, https://obamawhitehouse.archives.gov/the-press-office/2010/09/14/remarks-president-back-school-speech-philadelphia-pennsylvania (Accessed 11 March 2021).

6 ‘Some Universities Are About to Be "Walking Dead"’, PBS, 25 May 2020, http://www.pbs.org/wnet/amanpour-and-company/video/some-universities-are-about-to-be-walking-dead (Accessed 11 March 2021).

7 Deming, David J. 2017. ‘The Growing Importance of Social Skills in the Labor Market’, *Quarterly Journal of Economics, 132* (4): 1593–1640. https://scholar.harvard.edu/files/ddeming/files/deming_socialskills_qje.pdf (Accessed 11 March 2021).

8 Markovits, Daniel. *The Meritocracy Trap* (Allen Lane, 2019).

9 Sandel, Michael J. *The Tyranny of Merit: Why the Promise of Moving Up Is Pulling America Apart* (Allen Lane, 2020).

10 Aisch, Gregor, Buchanan, Larry, Cox, Amanda, and Quealy, Kevin. ‘Some Colleges Have More Students From the Top 1 Percent Than the Bottom 60. Find Yours.’, *New York Times*, 18 January 2017, https://www.nytimes.com/interactive/2017/01/18/upshot/some-colleges-have-more-students-from-the-top-1-percent-than-the-bottom-60.html (Accessed 11 March 2021).

11 Dweck, *Mindset*.

12 Bowers, Chris. *Federer* (John Blake, 2013).

13 Mahesh, Shripiya. ‘The Questions That Matter’, 1 September 2020, https://shripriya.com/blog/2020/09/01/the-questions-that-matter (Accessed 11 March 2021).

14 ‘Protégés of Nobel laureates are more likely to thrive’, *The Economist*, 11 October 2019, https://economist.com/graphic-detail/2019/10/11/proteges-of-nobel-laureates-are-more-likely-to-thrive (Accessed 11 March 2021).

15 Sandel, *The Tyranny of Merit*.

16 Darwin, Charles. *On the Origin of Species by Means of Natural Selection, Or, The Preservation of Favoured Races in the Struggle for Life* (John Murray, 1859).

17 Scoville, Heather. ‘Survival of the Fittest vs. Natural Selection’, ThoughtCo, 11 August 2019, https://www.thoughtco.com/survival-of-the-fittest-1224578 (Accessed 11 March 2021).

18 Le Page, Michael. 'Evolution: A Guide for the Not-Yet Perplexed', *New Scientist*, 16 April 2008, https://www.newscientist.com/article/mg19826522-400-evolution-a-guide-for-the-not-yet-perplexed (Accessed 11 March 2021).

19 Heffernan, Margaret. *A Bigger Prize: How We Can Do Better than the Competition* (PublicAffairs, 2014).

20 Jensen, Michael C, and Meckling, William H. 1976. 'Theory of the Firm: Managerial Behavior, Agency Costs and Ownership Structure', *Journal of Financial Economics* 3 (4). https://dx.doi.org/10.2139/ssrn.94043 (Accessed 11 March 2021).

21 Rush, Dominic. 'US Bosses Now Earn 312 Times the Average Worker's Wage, Figures Show', *Guardian*, 16 August 2018, https://www.theguardian.com/business/2018/aug/16/ceo-versus-worker-wage-american-companies-pay-gap-study-2018 (Accessed 11 March 2021).

22 Giridharadas, Anand. *Winners Take All: The Elite Charade of Changing the World* (Penguin, 2019).

23 Dasgupta, Koral. 'Kota Suicides: With Each Child, the Mother Dies the Cruelest Death', *Quint*, 10 May 2016, https://www.thequint.com/voices/blogs/kota-suicides-with-each-child-the-mother-dies-the-cruelest-death (Accessed 11 March 2021).

24 *Learning to Realize Education's Promise: The World Development Report 2018*, World Bank, 2018, https://www.worldbank.org/en/publication/wdr2018 (Accessed 11 March 2021).

25 Kremer, William, and Hammond, Claudia. 'Hikikomori: Why Are So Many Japanese Men Refusing to Leave Their Rooms?', BBC World Service, 5 July 2013, https://www.bbc.co.uk/news/magazine-23182523 (Accessed 11 March 2021).

26 Marinova, Polina. 'How the Kleiner Perkins Empire Fell', *Fortune*, 23 April 2019 https://fortune.com/longform/kleiner-perkins-vc-fall (Accessed 11 March 2021).

27 Gerrard, Neil. 'JKS Restaurants: Sibling Harmony', *The Caterer*, 11 December 2015, https://www.thecaterer.com/news/restaurant/jks-restaurants-sibling-harmony (Accessed 11 March 2021).

28 Agassi, Andre. *Open: An Autobiography* (HarperCollins, 2009).

29 'Boris Becker Full Q&A Oxford Union', YouTube, 14 March 2019, https://www.youtube.com/watch?v=ofhulQPMZio&ab_channel=OxfordUnion (Accessed 11 March 2021).

30 Hey, Danna. 'Why You Need to Play for Her', *Odyssey*, 17 May 2016, https://www.theodysseyonline.com/playing-for-her (Accessed 11 March 2021).

31 'If, When and How to Avoid Hiring a CEO', TechCrunch, 10 November 2012, https://techcrunch.com/2012/11/10/if-when-and-how-to-avoid-hiring-a-ceo (Accessed 11 March 2021).

32 Zook, Chris, and Allen, James. *The Founder's Mentality: How to Overcome the Predictable Crises of Growth* (Harvard Business Review Press, 2016).

33 'Developmental Evaluation of Ford's BUILD Program: Initial Findings', Ford Foundation, February 2018, https://www.fordfoundation.org/work/learning/research-reports/developmental-evaluation-of-fords-build-program-initial-findings (Accessed 11 March 2021).

34 Coyle, Daniel. *The Talent Code: Greatness Isn't Born. It's Grown. Here's How.* (Bantam Books, 2009).

第四章　親密關係與內在驅動力：從孤注一擲到高度安心

1 Quoted in Finkel, Eli J. *The All-or-Nothing Marriage: How the Best Marriages Work* (Dutton, 2017).

2 'Sweden, Norway, Iceland, Estonia and Portugal Rank Highest for Family-friendly Policies in OECD and EU Countries', UNICEF, 13 June 2019, https://www.unicef.org.uk/press-releases/sweden-norway-iceland-estonia-and-portugal-rank-highest-for-family-friendly-policies-in-oecd-and-eu-countries (Accessed 11 March 2021).

3 Mucha, Laura. *We Need to Talk About Love* (Bloomsbury Publishing, 2020).

4 Ortiz-Ospina, Esteban, and Roser, Max. 2020. 'Marriages and Divorces', Published online at OurWorldInData.org, https://ourworldindata.org/marriages-and-divorces (Accessed 11 March 2021).

5 Ortiz-Ospina and Roser. 'Marriages and divorces'.

6 Hill, Amelia. 'Cohabiting Couples Fastest-growing Family Type, Says ONS', *Guardian*, 7 August 2019, https://www.theguardian.com/uk-news/2019/aug/07/cohabiting-couples-fastest-growing-family-type-ons (Accessed 11 March 2021).

7 Ortiz-Ospina and Roser. 'Marriages and divorces'.

8 Proulx C M, Helms, H M, and Buehler C. 'Marital Quality and Personal Well-being: A Meta-analysis', *Journal of Marriage and Family*. 2007; 69:576–593.

9 Reeves, Richard V, and Pulliam, Christopher. 'Middle Class Marriage is Declining, and Likely Deepening Inequality', *Brookings*, 11 March 2020, https://www.brookings.edu/research/middle-class-marriage-is-declining-and-likely-deepening-inequality (Accessed 11 March 2021).

10 Finkel. *The All-or-Nothing Marriage*.

11 Schwartz, Alexandra. 'Love is Not a Permanent State of Enthusiasm: An Interview with Esther Perel', *The New Yorker*, 9 December 2018, https://www.newyorker.com/culture/the-new-yorker-interview/love-is-not-a-permanent-state-of-enthusiasm-an-interview-with-esther-perel (Accessed 11 March 2021).

12 Rosenfeld, Michael, et al. 2019. 'Disintermediating Your Friends: How Online Dating in the United States Displaces Other Ways of Meeting', *PNAS*, 116 (36).

13 'Do Men and Women Really Look For Different Things In a Romantic Partner?', *Medical Xpress*, 26 August 2013, https://medicalxpress.com/news/2013-08-men-women-romantic-partner.html (Accessed 11 March 2021).

14 Li, Norman P, et al. 2002. 'The Necessities and Luxuries of Mate Preferences: Testing the Tradeoffs', *Journal of Personality and Social Psychology*, 82 (6): 947–55.

15 Shackelford, Todd K., Schmitt, David P., Buss. David M. 'Universal Dimensions of Human Mate Preferences', *Personality and Individual Differences* 39 (2005) 447–458.

16 Purvis, Jeanette Lee. 'Strategic Interference and Tinder Use: A Mixed-method Exploration of Romantic Interactions in Contemporary Contexts', (PhD. diss., University of Hawai'i at Manoa, 2017) https://scholarspace.manoa.hawaii.edu/bitstream/10125/62739/2017-05-phd-purvis.pdf (Accessed 11 March 2021).

17 Coduto, Kathryn D, et al. 2020. 'Swiping for Trouble: Problematic Dating Application Use Among Psychosocially Distraught Individuals and the Paths to Negative Outcomes', *Journal of Social and Personal Relationships*, 37 (1), 212–32.

18 Cox, Toby A. 'Swiping Right in 2020: How People Use Dating Apps', *The Manifest*, 5 February 2020, https://themanifest.com/app-development/swiping-right-how-people-use-dating-apps (Accessed 11 March 2021).

19 Perez, Sarah. 'Pew: 30% of US Adults Have Used Online Dating; 12% Found a Committed Relationship From It', *Tech Crunch*, 6 February 2020, https://techcrunch.com/2020/02/06/pew-30-of-u-s-adults-have-used-online-dating-12-found-a-committed-relationships-from-it (Accessed 11 March 2021).

20 Lukianoff, Greg, and Haidt, Jonathan. *The Coddling of the American Mind: How Good Intentions and Bad Ideas Are Setting Up a Generation for Failure* (Penguin, 2018).

21 '"The Love That Brings New Life into the World"– Rabbi Sacks on the Institution of Marriage', Rabbi Sacks, 17 November 2014, https://rabbisacks.org/love-brings-new-life-world-rabbi-sacks-institution-marriage (Accessed 11 March 2021).

22 Finkel. *The All-or-Nothing Marriage*.

23 Putnam, Robert D. *Bowling Alone: The Collapse and Revival of American Community* (Simon & Schuster, 2001).

24 Genadek, Katie R, et al. 2016. 'Trends in Spouses' Shared Time in the United States, 1965–2012', *Demography*, 53 (6): 1801–20.

25 Cheung, Elaine, et al. 2016. 'Emotionships: Examining People's Emotion-regulation Relationships and Their Consequences for Well-being', *Social Psychological and Personality Science*, 6 (4): 407.

26 Weverbergh, Raf. 'The Network Always Wins: Scientific Proof That Your PR Strategy Should Focus More on Giving and Less on Taking', Finn, https://www.finn.agency/adam-grant-give-take-reputation-PR-strategy (Accessed 11 March 2021).

27 Azcona, Ginette, Bhatt, Antra, and Love, Kaitlin. 'Ipsos Survey Confirms That COVID-19 Is Intensifying Women's Workload At Home', UN Women, 9 July 2020, https://data.unwomen.org/features/ipsos-survey-confirms-covid-19-intensifying-womens-workload-home (Accessed 11 March 2021).

28 Agarwal, Ashok. 2015. 'A Unique View on Male Infertility Around the Globe', *Reproductive Biology and Endocrinology*, 13 (37).

29 'Global Prevalence of Infertility, Infecundity and Childlessness', https://www.who.int/reproductivehealth/topics/infertility/burden/en (Accessed 11 March 2021).

30 Cherry, Kendra. 'What Is Attachment Theory?', Verywell Mind, 17 July 2019, https://www.verywellmind.com/what-is-attachment-theory-2795337 (Accessed 11 March 2021).

31 Levine, Amir, and Heller, Rachel S F. *Attached: The New Science of Adult Attachment and How It Can Help You Find – and Keep– Love* (Jeremy P. Tarcher, 2012).

32 Rogers, Carl. *Client-Centered Therapy* (Constable and Company, 1951).

33 Lau, C Q. 'The Stability of Same-sex Cohabitation, Different-sex Cohabitation, and Marriage', *Journal of Marriage and Family*. 2012;74:973–988.

34 Ryan, *Self-Determination Theory*.

35 'What to Do After a Fight' The Gottman Institute, https://www.gottman.com (Accessed 11 March 2021).

36 Bowles, Nellie. 'Silicon Valley Nannies Are Phone Police for Kids', *New York Times*, 26 October 2018, https://www.nytimes.com/2018/10/26/style/silicon-valley-nannies.html (Accessed 11 March 2021).

37 Dweck. *Mindset*.

第五章 教養與內在驅動力：從直線前進到迂迴曲折

1 Gibran, Kahlil. *The Prophet* (Knopf, 1995).

2 'Helicopter Parent', Haim Ginott, https://www.haimginott.com/blog/helicopter-parent (Accessed 11 March 2021).

3 Gross-Loh, Christine. *Parenting Without Borders* (Penguin Random House USA, 2014) https://www.penguin.com/ajax/books/excerpt/9781101609064.

4 Day, Nicholas. 'No Big Deal, But This Researcher's Theory Explains Everything About How Americans Parent', *Slate*, 10 April 2013, http://www.slate.com/blogs/how_babies_work/2013/04/10/parental_ethnotheories_and_how_parents_in_america_differ_from_parents_everywhere.html?via=gdpr-consent (Accessed 11 March 2021).

5 Doepke, Mattias, and Zilibotti, Fabrizio. *Love, Money, and Parenting: How Economics Explains the Way We Raise Our Kids* (Princeton University Press, 2019).

6 Lythcott-Haims, Julie. *How to Raise an Adult: Break Free of the Overparenting Trap and Prepare Your Kid for Success* (Bluebird, 2015).

7 Singer, Dorothy, et al. *Play = Learning: How Play Motivates and Enhances Children's Cognitive and Social-Emotional Growth* (Oxford University Press, 2006).

8 Lythcott-Haims. *How to Raise An Adult*.

9 Russell, Bertrand. *New Hopes for a Changing World* (Allen & Unwin, 1951).

10 Csikszentmihalyi, Mihaly. *Flow: The Psychology of Optimal Experience* (Harper & Row, 1991).

11 Walsh, Lisa C, et al. 2018. 'Does Happiness Promote Career Success? Revisiting the Evidence', *Journal of Career Assessment*, 26 (1). DOI: 10.1177/1069072717751441.

12 'School Engagement May Be Secret to Success' University of Tasmania, https://www.menzies.utas.edu.au/news-and-events/media-releases/2013/school-engagement-may-be-secret-to-success (Accessed 11 March 2021).

13 Grant, Adam, and Sweet Grant, Allison. 'Kids Can Learn to Love Learning, Even Over Zoom', *New York Times*, 7 September 2020, https://www.nytimes.com/2020/09/07/opinion/remote-school.html.

14 Robinson, Ken. *Finding Your Element* (Allen Lane, 2013).

15 Rossiter, Jack and Kojo Abreh, Might. 'COVID-19 Has Forced Exams to Be Suspended Across West Africa. Should They Be Overhauled Before They Restart?', Center for Global Development, 20 March 2020, https://www.cgdev.org/blog/covid-19-has-forced-exams-be-suspended-across-west-africa-should-they-be-overhauled-they (Accessed 11 March 2021).

16 Kohn. *Punished by Rewards*.

17 Tough, Paul. *How Children Succeed: Grit, Curiosity, and the Hidden Power of Character* (Houghton Mifflin Harcourt, 2012. MLA, 8th ed.), https://scholar.google.com/citations?user=iItny3IAAAAJ&hl=en.

18 Hilton, Steve. *More Human: Designing a World Where People Come First* (W H Allen, 2015).

19 Dalai Lama et al. *The Book of Joy*.

20 Chua, Amy. 'Why Chinese Mothers Are Superior', *Wall Street Journal*, 8 January 2011, https://www.wsj.com/articles/SB100014240527487041115045760597135286988754 (Accessed 11 March 2021).

21 Wojcicki, Esther. *How to Raise Successful People: Simple Lessons for Radical Results* (Houghton Mifflin Harcourt, 2019).

22 Kim, Su Yeong, et al. 2013. 'Does "Tiger Parenting" Exist? Parenting Profiles of Chinese Americans and Adolescent Developmental Outcomes', *Asian American Journal of Psychology* 4 (1): 7–18.

23 Moilanen, Kristin. 'Helicopter Parents and "Hothouse Children" —WVU Researcher Explores the High Stakes of Family Dynamics', *WVU Today*, 18 November 2019, https://wvutoday.wvu.edu/stories/2019/11/18/helicopter-parents-and-hothouse-children-wvu-researcher-explores-the-high-stakes-of-family-dynamics (Accessed 11 March 2021).

24 Wellock, Bill. 'FSU Research: Helicopter Parenting Hinders Children's Self-control Skills', *Florida State University News*, 13 November 2019, https://news.fsu.edu/news/2019/11/13/fsu-research-helicopter-parenting-hinders-childrens-self-control-skills (Accessed 11 March 2021).

25 Reed-Fitzke, Kayla, Duncan, James, Lucier-Greer, Mallory, Fixelle, Courtney, Ferraro, Anthony. 'Helicopter Parenting and Emerging Adult Self-Efficacy: Implications for Mental and Physical Health', *Journal of Child and Family Studies*, October 2016.

26 Ryan, Richard. *Self-Determination Theory*.

27 Hoy, Selena. 'Why Are Little Kids in Japan So Independent?', Bloomberg, 28 September 2015, https://www.bloomberg.com/news/articles/2015-09-28/in-japan-small-children-take-the-subway-and-run-errands-alone (Accessed 11 March 2021).

28 https://www.freerangekids.com (Accessed 11 March 2021).

29 Pinker, Steven. *The Better Angels of Our Nature: Why Violence Has Declined* (Viking, 2011).

第六章　公民與內在驅動力：從各行其是到團結一致

1 Goldberg, Joel. 'It Takes a Village to Determine the Origins of an African Proverb', *NPR*, 30 July 2016, https://www.npr.org/sections/goatsandsoda/2016/07/30/487925796/it-takes-a-village-to-determine-the-origins-of-an-african-proverb (Accessed 12 March 2021) Requoted by Cory Brooker in the 2016 US Democratic National Convention.

2 'Joe Biden Acceptance Speech', Aljazeera, 8 November 2020, https://www.aljazeera.com/amp/news/2020/11/8/joe-biden-acceptance-speech-full-transcript (Accessed 12 March 2021).

3 McCloskey, Jimmy. 'First US Election Exit Poll Claims Voters More Worried About Economy Than Covid', *Metro*, 3 November 2020, https://metro.co.uk/2020/11/03/first-us-election-exit-poll-claims-voters-more-worried-about-economy-than-covid-13531203 (Accessed 12 March 2021).

4 Bentley, Tom. *Everyday Democracy: Why We Get the Politicians We Deserve* (Demos, 2005), http://www.demos.co.uk/files/everydaydemocracy.pdf ?1240939425 (Accessed 12 March 2021).

5 Clemence, Michael. 'Trust In Politicians Falls Sending Them Spiralling Back to the Bottom of the Ipsos MORI Veracity Index', Ipsos, 26 November 2019, https://www.ipsos.com/ipsos-mori/en-uk/trust-politicians-falls-sending-them-spiralling-back-bottom-ipsos-mori-veracity-index, (Accessed 12 March 2021).

6 Besley, Timothy J, and Ghathak, Maitreesh. 2005. 'Competition and Incentives with Motivated Agents', *American Economic Review* 95 (3): 616–36.

7 *Doing Business 2020: Comparing Business Regulations in 190 Economies*, World Bank, 2020, http://documents1.worldbank.org/curated/en/688761571934946384/pdf/Doing-Business-2020-Comparing-Business-Regulation-in-190-Economies.pdf (Accessed 12 March 2021).

8 Ferraz, Claudio, and Finan, Federico. 2009. 'Motivating Politicians: The Impacts of Monetary Incentives on Quality and Performance', National Bureau of Economic Research.

9 Bowen, Renee T, and Mo, Cecelia. 2016. 'The Voter's Blunt Tool', *Journal of Theoretical Politics*, 28 (4).

10 Bó, Ernesto Dal, et al. 2013. 'Strengthening State Capabilities: The Role of Financial Incentives in the Call to Public Service', *The Quarterly Journal of Economics*, 1169–1218.

11 Bowen and Mo. 'The Voter's Blunt Tool'.

12 Kets de Vries, Manfred F R, *You Will Meet a Tall, Dark Stranger* (Palgrave MacMillan, 2016).

13 Hamilton, Alexander, Madison, James, and Jay, John, *The Federalist Papers* (1787).

14 Mudde, Cas, and Kaltwasser, Cristóbal Rovera. *Populism: A Very Short Introduction* (Oxford University Press, 2nd edn, 2017).

15 Chua, Amy. 'How America's Identity Politics Went from Inclusion to Division', *Guardian*, 1 March 2018, https://www.theguardian.com/society/2018/mar/01/how-americas-identity-politics-went-from-inclusion-to-division (Accessed 12 March 2021).

16 'Obama's 2004 DNC Keynote Speech' YouTube, 27 July 2016, https://www.youtube.com/watch?v=ueMNqdB1QIE (Accessed 12 March 2021).

17 'The Talent Dearth in Britain's Government', *The Economist*, 18 July 2020, https://www.economist.com/britain/2020/07/18/the-talent-dearth-in-britains-government (Accessed 12 March 2021).

18 Lammy, David, *Tribes: How Our Need to Belong Can Make or Break Society* (Constable, 2020).

19 Buck, Stephanie. 'Fear of Nuclear Annihilation Scarred Children Growing Up in the Cold War, Studies Later Showed', Timeline, 29 August 2017, https://timeline.com/nuclear-war-child-psychology-d1ff491b5fe0 (Accessed 12 March 2021).

20 Fukuyama. *The End of History and the Last Man*.

21 Drèze, Jean and Sen, Amartya, *An Uncertain Glory, India and Its Contradictions* (Princeton University Press, 2013).

22 Kahneman, Daniel and Deaton, Angus. 2010. 'High Income Improves Evaluation of Life But Not Emotional Well-being', *PNAS*, 107 (38): 16489–93.

23 'Beyond GDP: Economics and Happiness' *Berkeley Economic Review*, 31 October 2018, https://econreview.berkeley.edu/beyond-gdp-economics-and-happiness (Accessed 12 March 2021).

24 Graham, David. 'C-SPAN Isn't All Good', *The Atlantic* March 2019, https://www.theatlantic.com/politics/archive/2019/03/how-c-span-made-congress-and-washington-worse/585277 (Accessed 12 March 2021).

25 Rauch, Jonathan. 'How American Politics Went Insane', *The Atlantic*, July/August 2016, https://www.theatlantic.com/magazine/archive/2016/07/how-american-politics-went-insane/485570 (Accessed 12 March 2021).

26 Johnston, John. 'Tory Minister Nadhim Zahawi Has Condemned the "Corrosive" Leaking of the Government's Latest Lockdown Proposals', *Politics Home*, 9 October 2020, https://www.politicshome.com/news/article/nadhim-zahawi-leaking-condemn-coronavirus (Accessed 12 March 2021)

27 Hardman, Isabel, *Why We Get the Wrong Politicians* (Atlantic Books, 2018).

28 Drotter, Stephen J, et al. 2001. 'Building Leaders at Every Level: A Leadership Pipeline', *Ivey Business Journal* May/June.

29 'Would a Basic Income Increase National Happiness?', *Psychology Today*, 24 August 2015, https://www.psychologytoday.com/nz/blog/clear-organized-and-motivated/201508/would-basic-income-increase-national-happiness?amp (Accessed 12 March 2021).

30 Heath, Dan. *Upstream: How to Solve Problems Before They Happen* (Bantam Press, 2020).

31 Hanauer, Nick. 'Better Schools Won't Fix America', *The Atlantic*, July 2019, https://www.theatlantic.com/magazine/archive/2019/07/education-isnt-enough/590611 (Accessed 12 March 2021).

32 Gilbert, Richard L, et al. 'Basic Income and the Motivation to Work: An Analysis of Labor Responses in 16 Trial Programs', https://www.academia.edu/37692463/Basic_Income_and_the_Motivation_to_Work_docx (Accessed 12 March 2021).

33 'A Universal Basic Income for India?', Center for Global Development, 20 April 2017, https://www.cgdev.org/media/universal-basic-income-india-arvind-subramanian (Accessed 12 March 2021).

34 Ng, Kate. 'Spain Approves National Minimum Income Scheme', *Independent*, 29 May 2020, https://www.independent.co.uk/news/world/europe/spain-national-minimum-income-universal-basic-coronavirus-ubi-economy-a9538606.html (Accessed 12 March 2021).

35 Evans, David, and Popova, Anna. 'Do the Poor Waste Transfers on Booze and Cigarettes? No', World Bank Blogs, 27 May 2014, https://blogs.worldbank.org/impactevaluations/do-poor-waste-transfers-booze-and-cigarettes-no (Accessed 12 March 2021).

36 Bastagli, Francesca, et al., *Cash Transfers, What Does the Evidence Say?* Overseas Development Institute, 2016, https://assets.publishing.service.gov.uk/media/57bafa91ed915d1259000002/Cash_transfers_what_does_the_evidence_say_Full_Report.pdf (Accessed 12 March 2021).

37 Widerquist, Karl. 'The Cost of Basic Income: Back-of-the-Envelope Calculations', IDEAS, https://ideas.repec.org/a/bpj/bistud/v12y2017i2p13n4.html (Accessed 12 March 2021).

38 'Why Rishi Got It Wrong', *The Economist*, 29 October 2020, https://www.economist.com/leaders/2020/10/29/why-rishi-got-it-wrong (Accessed 12 March 2021).

39 'Great Leaders & Organizations Advance a Just Cause', Stephen Shedletzky blog https://simonsinek.com/discover/great-leaders-organizations-advance-a-just-cause (Accessed 12 March 2021).

40 'Covid: Regulator Criticises Data Used to Justify Lockdown', BBC, 5 November 2020, https://www.bbc.co.uk/news/health-54831334 (Accessed 12 March 2021).

41 'Coronavirus: Govt will "Strive to Improve" Data After Watchdog Criticises Downing Street Presentation', Sky News, 6 November 2020, https://news.sky.com/story/coronavirus-watchdog-warns-downing-street-news-briefing-data-could-confuse-the-public-12124762 (Accessed 12 March 2021).

42 Stern, Nicholas, *The Economics of Climate Change: The Stern Review*. HM Treasury, 2006, https://www.lse.ac.uk/granthaminstitute/publication/the-economics-of-climate-change-the-stern-review (Accessed 12 March 2021).

43 Heckman, James J. 2011. 'The Economics of Inequality: The Value of Early Childhood Education'. American Educator, Spring, https://files.eric.ed.gov/fulltext/EJ920516.pdf.

44 Bentley. *Everyday Democracy*.

45 'Helping Them Enhance Their Skills Acquisition and Career Growth', Yellow Ribbon, https://www.yellowribbon.gov.sg.

46 'Citizens' Assemblies Are Increasingly Popular', *The Economist*, 19 September 2020, https://www.economist.com/international/2020/09/19/citizens-assemblies-are-increasingly-popular (Accessed 12 March 2021).

47 Hardman, Isabel, *Why We Get the Wrong Politicians*.

第七章　人生與內在驅動力：從逆來順受到掀起革命

1 Dale Carnegie (@DaleCarnegie) Twitter, 1 January 2018, https://twitter.com/dalecarnegie/status/947829791398547457 (Accessed 22 March).

2 Hegarty, Stephanie. 'The Chinese Doctor Who Tried to Warn Others About Coronavirus', BBC News, 6 February 2020, https://www.bbc.co.uk/news/world-asia-china-51364382 (Accessed 12 March 2021).

3 'Coronavirus: What Did China Do About Early Outbreak?', BBC News, 9 June 2020, https://www.bbc.co.uk/news/world-52573137 (Accessed 12 March 2021).

4 Allen-Ebrahimian, Bethany. 'Timeline: The Early Days of China's Coronavirus Outbreak and Cover-up', Axios, 18 March 2020, https://www.axios.com/timeline-the-early-days-of-chinas-coronavirus-outbreak-and-cover-up-ee65211a-afb6-4641-97b8-353718a5faab.html (Accessed 12 March 2021).

5 Murthy, Vivek H, *Together: Loneliness, Health and What Happens When We Find Connection* (Wellcome Collection, 2020).

6 Yakobovitch, David. 'AI Is Helping in Suicide Management', Towards Data Science, 6 July 2020, https://towardsdatascience.com/ai-suicide-management-c2b483e8c756 或 https://www.gushiciku.cn/pl/pZ1P (Accessed 12 March 2021).

7 'Parents Now Spend Twice As Much Time With Their Children As 50 Years Ago', *The Economist*, 27 November 2017, https://www.economist.com/graphic-detail/2017/11/27/parents-now-spend-twice-as-much-time-with-their-children-as-50-years-ago and 'Parenting Children in the Age of Screens', Pew Research Center, 28 July 2020, https://www.pewresearch.org/internet/2020/07/28/parenting-children-in-the-age-of-screens (Accessed 12 March 2021).

8 *Enabling the Next Generation to Become World Ready, Not Just Exam Ready*, Future Perfect Education Commission, 2020, https://www.edcommission.org.uk/wp-content/uploads/2020/08/ed-commission-final-report.pdf (Accessed 12 March 2021).

9 Ebrahimi, Farhad. 'Why Should It Take a Pandemic to Bring Out the Best in Philanthropy?', *Inside Philanthropy*, https://www.insidephilanthropy.com/home/2020/3/30/transformative-philanthropy-in-the-time-of-covid-19-why-should-it-take-a-global-pandemic-to-bring-out-the-best-in-us (Accessed 12 March 2021).

10 https://www.goodreads.com/quotes/7746746-every-crisis-actual-or-impending-needs-to-be-viewed-as (Accessed 12 March 2021).

11 Ibarra, Herminia, *Working Identity: Unconventional Strategies for Reinventing Your Career* (Harvard Business School Press, 2003).

Eurasian Publishing Group
圓神出版事業機構
用心與你對話・視野無限寬廣
先覺出版社
Prophet Press

www.booklife.com.tw
reader@mail.eurasian.com.tw

人文思潮 155

內在驅動力：
不需外在獎勵和誘因，引燃700萬人生命變革的關鍵力量

作　　者／薩拉斯・吉凡（Sharath Jeevan）
譯　　者／林步昇
發 行 人／簡志忠
出 版 者／先覺出版股份有限公司
地　　址／臺北市南京東路四段50號6樓之1
電　　話／（02）2579-6600・2579-8800・2570-3939
傳　　真／（02）2579-0338・2577-3220・2570-3636
總 編 輯／陳秋月
資深主編／李宛蓁
責任編輯／林淑鈴
校　　對／朱玉立・林淑鈴
美術編輯／金益健
行銷企畫／黃惟儂・陳禹伶
印務統籌／劉鳳剛・高榮祥
監　　印／高榮祥
排　　版／杜易蓉
經 銷 商／叩應股份有限公司
郵撥帳號／18707239
法律顧問／圓神出版事業機構法律顧問蕭雄淋律師
印　　刷／祥峰印刷廠
2022年2月 初版

Intrinsic: A Manifesto to Reignite Our Inner Drive

定價 400 元　　ISBN 978-986-134-405-8

未來沒有被寫死，我們在前往未來的路途中也沒有失去力量。接下來就要問：你知道了以後該怎麼做？簡單來說：你就要積極參與你的未來。你不能癱坐著等未來自己出現。如果你不想去愛荷華，你就不要去啊！更重要的是，不要讓別人替你決定未來。

——《也許你該跟未來學家談談》

國家圖書館出版品預行編目資料

內在驅動力：不需外在獎勵和誘因，引燃700萬人生命變革的關鍵力量／薩拉斯．吉凡（Sharath Jeevan）著；林步昇 譯.
-- 初版. -- 臺北市：先覺，2022.02
336面；14.8×20.8公分 --（人文思潮；155）
譯自：Intrinsic：a manifesto to reignite our inner drive
ISBN 978-986-134-405-8（平裝）

1. 成功法 2. 動機 3. 自我實現

177.2 110021644

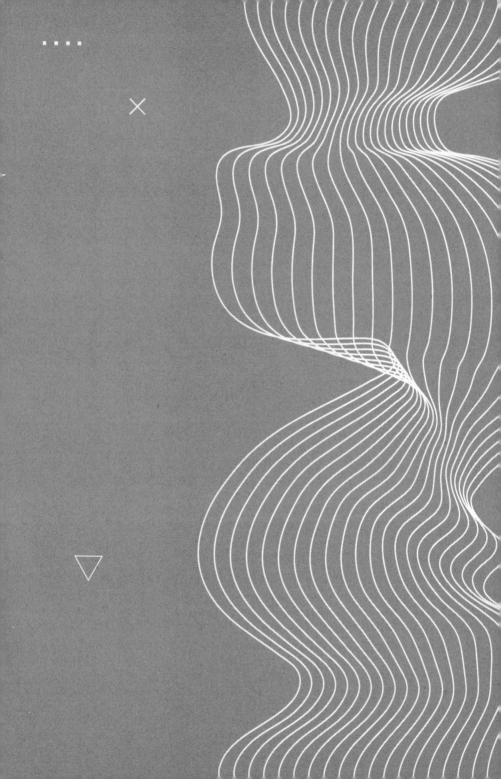

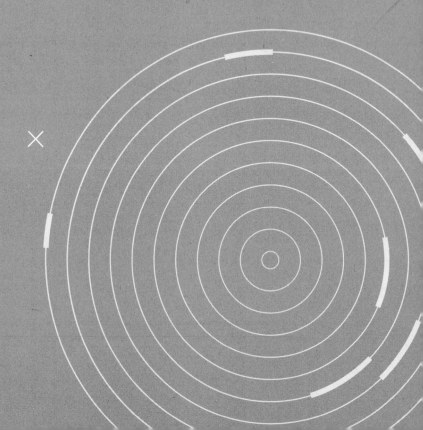